BENESSERE MADRE-BAMBINO

Compendio teorico-pratico
sulla metodologia Funzionale in gravidanza®

A CURA DI
Paola De Vita

Hanno collaborato a questa pubblicazione
Nadia Lucci, Claudia Sciacchitano

DIREZIONE SCIENTIFICA
Dott.ssa Paola Bovo
Prof. Luciano Rispoli

PREMESSA

Il presente compendio racchiude diversificati articoli sul Neo-Funzionalismo, un'Area scientifica di pensiero, ideata e messa a punto dagli anni '80 in poi da Luciano Rispoli, di cui la Psicoterapia Funzionale è uno dei metodi operativi. La parte finale del compendio espone le tecniche di intervento utilizzate nei percorsi di benessere in gravidanza e di preparazione alla nascita curate dalla dott.ssa Paola Bovo, Psichiatra Psicoterapeuta, Direttore e Didatta della Scuola Europea di Psicoterapia Funzionale. Tecniche elaborate in più di 30 anni con il metodo Funzionale di intervento sul benessere di madre e bambino in gravidanza, grazie anche all'osservazione e alle ricerche sulla fase pre e post natale del bambino, con risultati di grande rilievo.

Buona lettura,
dott.ssa Paola De Vita

Testi consigliati:

Esperienze di Base e sviluppi del Sé di Luciano Rispoli, 2004. Editore: Franco Angeli
Latte materno? Sì, grazie di Marcella Torre, 2016
Il corpo in psicoterapia oggi di Luciano Rispoli, 2016. Editore: Franco Angeli

INDICE

INTRODUZIONE

di Paola Bovo

Ho cominciato a lavorare con le gestanti nel 1975, nel primo Centro che fondammo a Napoli nel 1968. Partii inizialmente dalle intuizioni di W. Reich, dal suo lavoro, dal suo amore per i bambini, dalle sue battaglie per la prevenzione. Un ulteriore passo importante fu l'incontro/confronto con Eva Reich, che aveva dedicato gran parte del suo lavoro alla perinatalità, in occasione del Congresso organizzato da noi nel 1987 per i trent'anni della morte del padre. Compresi ben presto che c'erano grandi potenzialità nell'intervento sulla donna in gravidanza; soprattutto seguendo le nuove scoperte e le indicazioni del nostro modello teorico e pratico che negli anni Luciano Rispoli andava mettendo a punto, e che si è sviluppato nella teoria e nelle tecniche del modello Funzionale. In questi anni ho portato l'intervento a diventare sempre più preciso e più efficace, i risultati sono stati sempre più evidenti, le mamme più allegre e vitali, i bambini sono nati in modo evidente più "buoni", con potenzialità di benessere più alte della norma. Ho visto negli anni '80 affermarsi e crescere il MIPA, il Marsupio di Firenze, l'educazione prenatale, tanti gruppi, ostetriche, singoli, tutti in moto nella stessa direzione, in tante città, verso la fisiologia, il benessere, il piacere, il rispetto di mamma e bambino, i loro bisogni.

Ma purtroppo ho anche visto crescere a rotta di collo i cesarei, gli interventi medici a tutti i costi, il disinteresse per la persona, per i suoi tempi e i suoi desideri, e le gestanti tornare al gruppo e piangere per come erano state trattate negli ospedali e nelle cliniche. Perché è ancora lungo il cammino per essere considerate persone nella sanità italiana, mamma e bambino, in un evento unico ed emozionante, che segna l'inizio di un rapporto e di una vita, che è molto più di "un parto".

Anche la ricerca che abbiamo svolto in questi anni ha fornito un contributo importante dal momento che i risultati di numerose indagini realizzate, come quella sul "Neonato buono" e sul "Disagio neonatale", testimoniano in modo incontrovertibile l'efficacia dell'intervento Funzionale in gravidanza.

Oggi sappiamo che il corpo, o meglio l'unità mente-corpo, con la sua ricchezza di sensazioni, con i suoi molteplici funzionamenti, è presente e svolge un ruolo fondamentale ancor prima della nascita. Nel ventre della madre la sua modalità di essere e funzionare coincide con la vita stessa (con la pienezza della vita). Negli ultimi mesi di gravidanza il corpo del bambino non è un meccanismo solo fisico, ma rappresenta anche l'insieme di sensazioni e di emozioni, di vissuti e di pensieri (sebbene ancora rudimentali): tutto il mondo interno è profondamente connesso con il corporeo.

Alcuni esperimenti hanno dimostrato che dopo la nascita il bambino riconosce la voce della madre quando gli viene fatta risentire (alterata nel timbro) proprio come lui la percepiva quando era nell'utero, filtrata dal liquido amniotico. Il bambino riconosce le "vibrazioni" che colpivano il suo corpo prima della nascita.

Ecografie degli ultimi mesi di gestazione mostrano che nel ventre materno il bambino succhia il dito, si tocca il viso, si dondola: già ricerca sensazioni di piacere, già conosce un modo per tranquillizzarsi e darsi un po' di "benessere".

Del resto le donne incinte sanno molto bene che il figlio si acquieta quando loro camminano, perché i piccoli sballonzolii gli trasmettono sensazioni corporee molto piacevoli, mentre si agita e tira calci se si fermano e si rimettono sedute o sdraiate. Il bambino esprime chiaramente il desiderio e il piacere di essere cullato; si tranquillizza con questo lieve ondeggiare nel liquido amniotico provocato dal passeggiare della madre: si incanta e si rilassa. E se la madre interrompe questo cullare arcaico, il bambino si agita nuovamente perché qualcosa gli è venuto a mancare, si innervosisce ed esprime la sua prima protesta proprio con il movimento del corpo: allunga le gambette con forza, dando dei primi piccoli "calci".

Madre e figlio durante la gravidanza hanno tra di loro un rapporto profondo, sicuramente molto più intenso di quanto non si credesse anni addietro; e il rapporto passa tutto attraverso il corpo, il corpo di entrambi. Se la madre vive una condizione di benessere corporeo, è questo che il bambino percepisce e non i pensieri e le preoccupazioni della madre, per quanto forti essi siano. Il bambino sta bene se avverte morbidezza e mobilità nelle pareti dell'utero, se attraverso il cordone ombelicale gli arrivano gli ormoni del piacere e della tranquillità, se il corpo della madre è sereno e accogliente, se i movimenti sono dolci e cullanti, se ci sono vibrazioni piacevoli.

LA VISIONE FUNZIONALE: FUNZIONI ED ESPERIENZE DI BASE (EBS)

di Luciano Rispoli

Il pensiero Funzionale affonda le sue radici nei contributi del primo Funzionalismo (Scuola di Chicago), nelle teorie del Sé, negli studi sul rapporto mente-corpo e si avvale dei più recenti contributi della Psicofisiologia, delle Neuroscienze e delle ricerche più attuali sulla vita prenatale, neonatale e sull'infanzia. Il Funzionalismo moderno, quindi, nasce da studi, ricerche e teorizzazioni che abbracciano il paradigma della complessità e mantengono l'idea di un olismo di fondo, di una identità funzionale mente-corpo, sviluppandola in una cornice teorica e metodologica complessa e operativamente concreta che inquadra in modo scientificamente nuovo i risultati di tutte queste ricerche.

Si propone come una metodologia multifocale decisamente innovativa che, non separando mente e corpo, cura e prevenzione, salute e malattia, coglie concetti di regolazione, di utilizzazione delle risorse, di potenziamento dello stato di benessere in numerosi campi di applicazione: interventi individuale e di gruppo, di adulti e di bambini, stress, prevenzione, gravidanza e nascita, infanzia e adolescenza, formazione, istituzioni e organizzazioni.

Questo modo di affrontare la complessità rende possibile un approccio di tipo globale e allo stesso tempo dettagliato, che si propone come scopo di riequilibrare l'Organizzazione Funzionale del Sé. L'intervento è a vari livelli: cognitivo (razionalità, ricordi, fantasie), emotivo (affetti, sentimenti), posturale (movimenti, forma del corpo, posture) e fisiologico (sistemi e apparati interni).

La psicologia Funzionale supera la visione di tipo piramidale, in cui una mente controlla tutto dall'alto, ma ha una visione di tipo "circolare", in cui tutti i vari piani psicocorporei contribuiscono in modo paritario alla complessa organizzazione dell'organismo. E' l'organismo intero ad ammalarsi e non solo il corpo o la mente.

I concetti innovativi della Psicologia Funzionale sono quelli di:

- Funzioni: si posizionano sui 4 piani funzionali (Cognitivo Simbolico; Emotivo; Posturale; Fisiologico) e compongono e rappresentano l'intero Sé;

- Esperienze Basilari del Sé (EBS): nelle quali si concretizzano i bisogni e le direttrici di sviluppo del bambino. Sono le Esperienze che, se supportate positivamente dall'ambiente, diventano Capacità di fondo della persona.

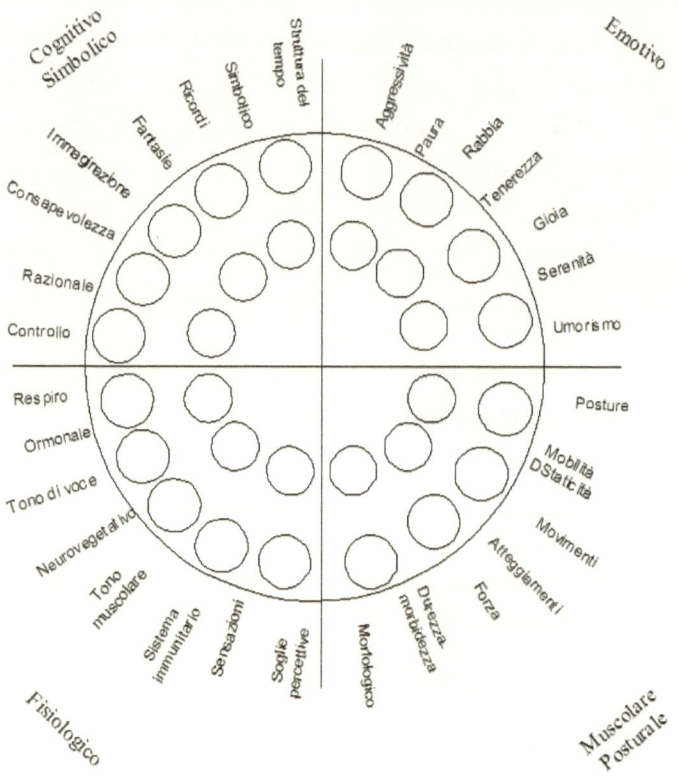

Diagramma delle Funzioni

Il Sé può essere definito, dunque, come l'organizzazione di tutte le Funzioni dell'organismo visto nella sua interezza e globalità. In ogni Funzione è l'intera persona che si esprime e le Funzioni possono essere studiate in modo molto dettagliato esaminando le alterazioni generate nel corso degli anni in ciascun individuo.

Ciò permette di intervenire in modo preciso e concreto per ricreare l'equilibrio armonico del Sé, riparare le alterazioni in atto su tutti i livelli Funzionali e restituire salute benessere alla persona.

Le Esperienze di Base del Sé sono i mattoni della vita, sono proprio quelle Esperienze che, se carenti, hanno poi bisogno di essere ricostruite per poter accedere a degli esiti differenti da quelli che si sono cristallizzati nella vita della persona. Le EBS sono quelle esperienze fondamentali affinché il bambino, nel diventare adulto, conservi l'integrazione originaria, la salute, il benessere, e sviluppi tutte le possibili capacità per affrontare adeguatamente con successo la realtà della vita.

TENUTI
Essere Tenuti (contenuti, fermati)
Essere Presi
Essere Portati (guidati)
Essere Protetti

LASCIARE
Lasciare (allentare muscolatura, incantarsi, non tenere)
Fidarsi (affidarsi, fiducia)
Abbandonarsi all'altro

CONTATTO
Contatto (vicinanza, fusione, empatia)

CONTATTO RICETTIVO
Essere Nutriti (ricevere, assorbire)
Richiedere (per ricevere, richiamare)

CONTATTO ATTIVO
Prendere (sedurre, portarsi l'altro, carisma)
Tenersi l'altro
Cambiare l'altro (muovere, trasformare)
Dare (abbracciare, regalare)

AMORE
Essere Amati (portati dentro)
Amare (portare dentro, darsi, appartenere all'altro)
Riconoscenza
Continuità positiva (ricordi, aspettativa positiva)
Amarsi (dare a sé, piacersi, autoconsolarsi, sistemarsi)

PIACERE
Piacere (eccitazione, godersi le cose)
Desiderare
Piacere dell'altro (trarre piacere dall'altro)
Benessere (armonia, interezza, verso il basso, vagotonia)

CALMA
Calma (tranquillità)
Aspettare (pazienza)
Stare (oziare)

SENSAZIONI
Sensazioni (sentirsi, conoscersi)
Percepire l'altro (percepire l'altro, la realtà, percezione ampia o concentrata, esplorare)
Stupore (meraviglia, vedere il non noto nel noto)

CONTROLLO
Concentrarsi (attenzione)
Attenzione Morbida
Allentare Controllo (sciogliersi, perdersi)
Perdere Controllo (buchi, esplosioni, crolli, trasgredire)

FORZA
Forza Originaria (distaccarsi, farsi spazio)
Forza Morbida
Forza Calma (affrontare, fronteggiare, potenza)
Forza Aperta (buttare via)

CONDIVISIONE **Aprirsi** (raccontare di sé) **Condividere** (scambiare, cointeressarsi) **Alleanza** (l'altro dalla propria parte) **Piacere All'altro** (mostrarsi, migliorarsi per l'altro)	**AGGRESSIONE** **Aggressione Affettuosa** (giocosa) **Aggressione** (per difendersi, attaccare)
TENEREZZA **Tenerezza** (dolcezza, morbidezza) **Cedere** (accettare, tollerare) **Necessità dell'altro** (fragilità)	**NEGATIVITA'** **Rabbia** **Odio** (cattiveria) **Dolore**
CONSIDERATI **Essere Visti** (ascoltati capiti) **Essere Valorizzati** (apprezzati)	**CONSISTENZA** **Presenza** (visibilità, espandersi) **Consistenza** (peso, sicurezza, fierezza, valorizzarsi)
VITALITA' **Gioia** (slancio, guizzi) **Vitalità** (attivarsi, energia, passione) **Giocare** (umorismo) **Osare** (andare oltre, andare avanti, coraggio)	**AFFERMAZIONE** **Assertività** (affermazione delle proprie idee, imporsi) **Determinazione** (tenacia, andare in fondo, resistere) **Scegliere** (decidere)
CREATIVITA' **Creatività** (immaginazione) **Gusto del Bello**	**AUTOAFFERMAZIONE** **Autoaffermazione** **Progettare** (concretizzare sogni) **Realizzazione** (soddisfazione) **Competere** (voler vincere)
	AUTONOMIA **Opposizione** (rifiuto) **Separarsi** (distacco) **Autonomia** (stare bene da soli, non dipendenza)

Esperienze di Base del Sé (L. Rispoli versione 2015)

È importante ritrovare il nostro equilibrio psico-fisico in ogni momento della giornata, non soltanto quando stiamo male e non ce la facciamo più. Avere una maggiore conoscenza di noi stessi, di come funzioniamo in certe situazioni sicuramente ci può aiutare a stare meglio. Scopriamo i giusti Movimenti, recuperiamo il nostro Benessere, solo così potremo sentirci bene, in forma e vitali.

NUOVE CONOSCENZE SUL FUNZIONAMENTO PRE E POST-NATALE DEL BAMBINO.

Le più avanzate modalità di intervento e prevenzione in fase evolutiva

di Paola Bovo

Le scoperte più recenti sulla vita del piccolo umano prima della nascita, nell'utero materno, hanno fatto avanzare enormemente le conoscenze che avevamo rispetto alle capacità che il bambino possiede sin dall'inizio. Le ecografie tri- e quadri- dimensionale ci hanno restituito delle immagini fino a qualche anno fa impensabili su come è già il bambino in quel primo periodo della sua vita.

Il piccolino già si succhia il dito, si accarezza, si tocca il viso, si stropiccia gli occhi, dando piacere a se stesso, sbadiglia, gioca, dondolandosi con piccole scivolatine. È anche in grado di analizzare le armoniche musicali (riconoscendo il timbro di voce della madre) e sa pure calcolare il tempo. Infatti, se gli si fa sentire una voce vicina a lui tutte le sere alla stessa ora, a quell'ora esatta mostra con i suoi movimenti insoliti di aspettare questo momento di contatto e vibrazione importante.

E le ultime scoperte fatte sui gemelli monovulari ci hanno rivelato che, incredibilmente, il bambino già nell'utero materno cerca il contatto con l'altro, ha movimenti intenzionali verso l'altro, socializza e gioca con l'altro gemello. A maggior ragione, è sempre più chiaro che dopo la nascita abbiamo di fronte un sistema complesso, un individuo pieno e completo, in grado di avere un rapporto profondo e diretto con l'ambiente, con le persone che sono intorno a lui. Il bambino è un organismo integrato, un organismo, cioè, in cui i molteplici sistemi (cognitivo, emotivo, neurologico, endocrino, neurovegetativo, ma anche sensoriale, motorio ed espressivo) già sono tutti presenti e profondamente interconnessi ed inscindibili tra di loro.

Il bambino all'inizio non è un foglio di carta bianca, né un sistema incompleto non integrato, chiuso in un mondo suo, oppure totalmente contenuto all'interno del mondo e del pensiero materno. Al contrario, il bambino si rapporta chiaramente e direttamente agli adulti, li guarda negli occhi, li tocca, sorride loro. E si rapporta proprio con quel determinato adulto, si rapporta in modo evidente e in modo differente con la madre, il padre, con i fratelli, con gli altri. Distingue perfettamente il Sé dall'altro. Comunica, entra in contatto, richiede attenzione.

Non è solo oggetto passivo delle cure dell'adulto, ma è già dall'inizio molto attivo, capace di avere una profonda influenza sull'ambiente. Inoltre, ha già i suoi gusti e le sue preferenze, ha già una sua personalità. E tutto questo ci dà nuove ed importanti indicazioni su come rapportarsi a lui prima della nascita (benessere in gravidanza per la madre ed il bambino), ma soprattutto dopo la nascita, nei primi periodi e anche successivamente.

Queste incredibile scoperte ci fanno capire anche le modalità con cui un bambino si sviluppa. Oggi sappiamo che non è inizialmente un essere prevalentemente corporeo e vegetativo, un essere che solo successivamente diventa pensante e capace di intelligenza. Al contrario, come abbiamo già visto, il bambino è sempre corpo e mente insieme, è da subito un sistema cosciente, integrato, completo. Tutto questo ci dà chiarezza sui suoi bisogni fondamentali, cioè quei bisogni che devono essere tutti soddisfatti se si vuole che il bambino si sviluppi in modo pieno, realizzando tutte le sue potenzialità e restando pienamente e profondamente integrato. Si tratta di calore, di nutrimento, di essere all'interno di qualcosa che avvolge. Si tratta anche di curiosità, di esplorazione, di manipolazione. Parliamo anche di espressione, di espansione, di movimento. E anche di amore e sensualità. Senza queste direzioni di sviluppo la vita è praticamente inesistente, è solo un sopravvivere.

Ma il bambino, un essere mente-corpo, un essere complesso ed integrato, si muove nel mondo, fa esperienze e, interagendo con l'ambiente, deve vedere questi suoi bisogni fondamentali realizzati concretamente. Se guardiamo questo essere complesso che interagisce con un ambiente complesso (e questa è la visione del Neo-funzionalismo), possiamo senz'altro dire che esistono delle esperienze che non sono come le altre, esperienze molto particolari e speciali che il bambino deve attraversare in modo positivo per poter mantenere il livello di benessere profondo di cui ha bisogno.

Il Neo-funzionalismo le ha individuate (e va continuando ad individuarle sempre meglio) e le ha definite Esperienze di Base del Sé (Luciano Rispoli 2004). Le ha studiate a fondo per comprenderne le caratteristiche e le modalità di svolgimento durante tutto lo sviluppo evolutivo. Si tratta di esperienze che possiamo distinguere chiaramente nella vita del bambino, esperienze che rendono possibile la soddisfazione dei suoi bisogni fondamentali. Parliamo, dunque, di Essere Tenuti e Contenuti, di Protezione, di Essere Presi e Portati, di Ricevere, di Essere Amati, di Essere Visti, Compresi e Apprezzati. Ma si tratta anche di esperienze più attive come Prendere, Cambiare l'altro, Portare l'altro dalla propria parte, affrontare; e ancora di Dare, Amare, così come di Esplorare, Percepire; e infine di Benessere, armonia, Calma, Controllo (non solo duro, ma anche morbido e allentato).

L'aver individuato questi elementi essenziali della vita del bambino, il loro modo di svolgersi durante il periodo evolutivo, ci dà grande chiarezza innanzitutto a livello di prevenzione. Il Neo-funzionalismo ci ha mostrato, in modo preciso e dettagliato, che non si tratta di amare o non amare il piccolo, non si tratta di rimproverarlo o lasciarlo fare: queste sono categorie troppo ampie e generiche. Le Esperienze di Base, invece, ci danno indicazioni inequivocabili su come aiutare i bambini a stare bene, perché tutte le Esperienze devono essere attraversate dal bambino in modo pieno e positivo, aiutato appunto dagli adulti, al fine di prevenire inevitabili alterazioni. Le alterazioni all'inizio non sono ancora disturbi e sintomi, ma sono pienamente evidenti in una visione Funzionale. Se permangono diventano problemi e sintomi. Ma, ancora una volta, la conoscenza approfondita delle Esperienze di Base ci permetterà di capire dove si collochino veramente le alterazioni, quali Esperienze siano carenti, alterate, danneggiate. E questo ci offre linee guida molto precise anche nella cura e nell'intervento con l'infanzia, a tutti i livelli e a tutte le età, per un'efficacia sempre maggiore e per risultati sempre più profondi e stabili.

VISSUTI EMOTIVI IN GRAVIDANZA

di Paola Bovo

I vissuti e i risvolti emotivi in gravidanza sono di una importanza fondamentale per una riuscita del processo di crescita del bambino e del diventare madre della donna.

I punti fondamentali che riguardano il processo emozionale, le sensazioni e il modo di vivere da parte della donna questo importante passaggio della sua vita sono caratterizzate da quattro aspetti significativi:

1) I vissuti e le emozioni variano nelle varie fasi durante tutta la gravidanza man mano che il bambino diventa un essere più percepibile, che le modificazioni anche corporee, ormonali, fisiologiche della donna diventano sempre più evidenti e presenti nel cambiare la sua vita precedente.

2) Non possono essere considerati a sé stanti, ma sono sempre in stretto collegamento col funzionamento della donna, con tutti gli altri piani funzionali del Sé: cognitivo, simbolico, fisiologico (che nelle trasformazioni della gravidanza assume particolare importanza), posture e movimenti, sensazioni, tensioni muscolari, per ricordare soltanto i principali. Quindi la donna va vista anche, e soprattutto in un processo così importante come la gravidanza, nella sua interezza, nel suo funzionamento complessivo; ed è a questo funzionamento complessivo che va rivolta l'attenzione, l'accoglimento e l'intervento se vogliamo che questo sia veramente profondo ed efficace e se vogliamo che la donna sia presa nella sua realtà e cioè interezza totale. La Psicologia Funzionale oggi ci aiuta a leggere in modo integrato questi elementi, per cui anche un intervento psicologico sui problemi della

gravidanza e della maternità o l'intervento medico-ginecologico su tutti i vari sistemi di regolazione dell'organismo, oppure l'intervento assistenziale ostetrico sulle posture, i movimenti il respiro, non solo non possono essere ciascuno di essi isolato, ma visti in questo quadro complessivo di un Sé integrato e delle sue Funzioni, vanno indirizzati con modalità precise perché si abbiano effetti precisi sugli altri piani e quindi sulla persona intera. Respiro collegato al dolore, all'esperienza della calma, al neurovegetativo. Effetto di certe posizioni su come ci si sente e anche sul bambino. Posture schiena e senso di fatica. Sostegno psicologico alle angosce senza dare sensazione di benessere, es. tollerare le angosce senza il corrispettivo profondo del benessere; esprimere la negatività e stare bene. Le credenze trasmesse per conoscenza che vanno contro il funzionamento ottimale di gravidanza e parto, contrapposte al funzionamento fisiologico reale di questo processo. Ricordi di cose raccontate e non di ricordi propri. La poca utilità di alcuni esercizi e movimenti corporei se non si aprono le sensazioni con le metodologie adatte.

3) Nella gravidanza si ha una situazione di improvvisa, rapida modificazione di tutti i propri funzionamenti, non soltanto a livello corporeo o ormonale, ma molto sui vissuti, le fantasie, il futuro, le sensazioni tattili, cenestesiche, le posture che assume, i movimenti che riesce a fare, ecc. Tutto questo rappresenta una modificazione del quadro di funzionamento del Sé in gran parte temporanea, che si esaurisce al massimo nel giro di un anno, molto intensa ma di durata limitata. Una modificazione momentanea, non patologica, un po' come accade nell'adolescenza, che l'ambiente circostante deve capire, accogliere, aiutare, in modo che non diventi un'alterazione più permanente, veramente patologica, o comunque disturbante nella

vita della persona. Vanno viste la configurazione funzionale cioè tutte le Funzioni e come l'ambiente dovrebbe aiutare queste modificazioni momentanee per ciascuna di esse. Queste modificazioni funzionali si possono innestare su un quadro già di per sé non tanto armonico di partenza, con alterazioni funzionali già in atto, e quindi il rischio è maggiore e l'intervento deve essere più attento, approfondito, capace di smussare, di sciogliere modificazioni un po' più pericolose perché accresciute dalla situazione di alterazione precedente.

4) La gravidanza infine non può essere presa in considerazione senza che si comprenda che essa riattiva antiche esperienze importanti per la vita, cosiddette EBS; queste esperienze (anche se particolarmente legate al periodo dello sviluppo nel quale la bambina le attraversa più volte per consolidare alcune capacità e diventare piena e armonica con se stessa e nelle relazioni con gli altri) proprio in quanto tali rappresentano capacità di funzionamento che permangono per tutta la sua vita. Il diventare madre, il far nascere un'altra vita, attiva in modo più intenso del solito queste cosiddette modalità di funzionamento, cioè le EBS, perché come abbiamo visto la gravidanza fa passare la donna da una condizione di figlia a una condizione di madre, cioè una condizione capace di far crescere e prosperare una nuova vita, e quindi assicurare per questa nuova vita che le EBS siano aiutate, favorite, attraversate in modo positivo. Questa sorta di regressione porta ad intensificare alcune Esperienze Basilari in questo periodo rispetto ad altre, e per forza di cose a mettere maggiormente in evidenza le carenze che queste EBS possono portare con sé, se attraversate da questa donna a sua volta in modo non pienamente positivo. La donna "sa" ciò di cui il bambino ha ed avrà bisogno, ma non è detto che

possa fornirglielo appieno se le proprie capacità legate a quelle particolari esigenze (che altro non sono che l'esigenza del bambino di avere assicurate determinate EBS) non sono almeno in parte supportate e ricostruite, se non sono abbastanza valide. Quindi l'intervento Funzionale in gravidanza è particolarmente incentrato sul dare più spazio e pienezza (o recuperare a seconda dei casi) ad alcune EBS come l'Essere tenuti e contenuti, il Contatto, la Fragilità e il bisogno dell'altro, la Tenerezza, il Sentirsi e il sentire l'altro, il Benessere, l'Essere visti e l'Essere ascoltati. Quindi poter considerare l'EBS come guida ad un intervento alla gravidanza e alla maternità permette di dare concretezza, specificità, sapere in che direzione bisogna andare per la donna, al di là di false credenze, posizioni ideologiche, interventi standard precostituiti. A conclusione di tutto questo possiamo dire che la gravidanza e il parto dovrebbero essere un evento estremamente gioioso e naturale nella vita di una donna, ed anche del bambino, ma questo accadrà soltanto se entrambi vengono non ostacolati ma anzi aiutati in questo intervento pieno e complessivo sui vari piani Funzionali e ad attraversare EBS che come abbiamo visto non sono caratterizzate né dall'angoscia né dalla rabbia né sono di per sé traumatiche, ma rappresentano la parte della vita estremamente gradevole di cui tropo spesso questa società tenta di fare a meno

IL MODELLO FUNZIONALE NELLA PREVENZIONE PERINATALE

di Paola Bovo

In una teoria complessiva del Sé, il periodo della gravidanza è una tappa fondamentale, il primo dopo l'adolescenza, di transizione per il "Sé donna". Vi è una marcata e improvvisa modificazione della struttura somatica (come del resto accade nell'adolescenza) che può portare la donna a vivere la gravidanza, che pure è un evento naturale, con molti problemi. Questo periodo, che segna la nascita di un altro Sé che inizia a definirsi (e la questione di quando si può parlare della nascita del Sé è uno dei problemi che impegna attualmente il campo della bioetica), è di estremo interesse sia teorico che operativo.

Chi lavora nel campo della psicoterapia corporea, per le caratteristiche stesse del campo di indagine, rivolge una grande attenzione alla fase perinatale del bambino in quanto periodo critico (nel senso strettamente evolutivo del termine). In tale periodo infatti si possono trovare le origini di una situazione che si può presentare o favorevole, predittiva del suo futuro benessere, oppure adombrata da condizioni negative che possono costituire il primo inizio di successivi disturbi.

Terapia Funzionale e gravidanza

In particolare il Modello Funzionale considera il bambino provvisto di un Sé originariamente già strutturato e integrato anche se in modo non ancora complessificato in molteplici sfumature, che può essere considerato suddiviso in quattro piani o aree funzionali: Emotivo (emozioni, sentimenti); Cognitivo (ricordi, fantasie, razionalità); Fisiologico (sistemi e apparati interni, fino al funzionamento microcellulare, chimico ed elettrico etc); Posturale (distretti muscolari, morfologia, atteggiamenti del corpo). Nel corso dello sviluppo nessuna funzione nuova si aggiungerà a quelle già esistenti, ma si verificherà una progressiva specializzazione e complessificazione delle funzioni presenti originariamente.

Il modello ci permette poi di capire come ciascun processo funzionale possa alterarsi nell'impatto con l'ambiente e con le fasi della vita o le vicende personali, e cominciare a scindersi, sclerotizzarsi, ipo o ipertrofizzarsi limitando cioè la gamma di strategie, risposte e capacità, subendo sconnessioni tra aree funzionali o all'interno di una singola area, che possono condurre a manifestazioni patologiche di vario genere sia fisiche che psichiche.

L'applicazione del modello della Psicoterapia Funzionale ai problemi specifici della gestazione e del parto, e più in generale della nascita, ha portato a risultati di grande interesse sia nel superare disturbi e malesseri della donna (ricorrenti durante questo periodo particolare) sia nell'operare un intervento di reale prevenzione per il nascituro nei riguardi di possibili future patologie, ricercando sin dalla vita intrauterina una condizione psicofisica ottimale.

Gestazione e modificazioni del Sé

Se consideriamo la situazione della gestante in chiave funzionale possiamo notare le seguenti tendenze, nelle modalità in cui i diversi piani funzionali possono alterarsi durante il periodo della gestazione.

Lo sconvolgimento rapidissimo (se paragonato ai normali ritmi di crescita in età adulta) che avviene nel piano posturale, con il marcato mutamento della struttura somatica, delle proporzioni, della postura, della distribuzione del peso e del peso stesso, portano come conseguenza un effetto sul piano funzionale del cognitivo, che non riesce a seguire e a dare un senso a quanto così repentinamente va accadendo Questo conduce a una diminuzione del controllo razionale, con conseguente aumentare delle fantasie, dei desideri incontrollati e dei ricordi. Se in quest'area la connessione con il sotto-piano dell'immaginazione progettuale è buona, si potrà raggiungere quella tipica condizione della gestante che riesce a immaginare il bambino, che fa le fantasie su come sarà, che ne progetta la stanza, il corredino e così via; ma se il collegamento tra immaginazione progettuale, desideri incontrollati e fantasie è già in difficoltà, la riduzione del controllo razionale sotto la spinta del mutamento posturale può portare a fantasie terrifiche, angosce e incapacità a organizzarsi, a preparare il necessario per il parto o per il bambino (spesso con l'alibi della scaramanzia). Un altro effetto della diminuzione del controllo si può notare sul piano emotivo, che prende più spazio e che può diventare debordante.

Questa modificazione a livello cognitivo-immaginativo-emotivo ingenera una condizione regressiva, una condizione di dipendenza, una intensificazione dei ricordi molto antichi e dunque una identificazione col bambino. Ma dietro ai cambiamenti del livello posturale si trova ovviamente tutta la modificazione dell'area del fisiologico, specie nei suoi livelli ormonali, della circolazione, della respirazione, della condizione di omeostasi. Ed è all'interno del fisiologico che troviamo i disturbi che affliggono le gestanti in maggiore quantità. Se all'interno dell'area fisiologica i vari sotto piani non sono in grado di assorbire i mutamenti, a causa degli alterati funzionamenti già in atto nella gestante, maggiori saranno i disturbi che questa si troverà ad affrontare. Per esempio quanto più è alterata la respirazione (cioè più alta toracica. più controllata, meno profonda, più accelerata, con espirazione forzata, etc.) peggiori sono i disturbi, come bruciori di stomaco, insonnia, nausea, stitichezza e così via.

Inoltre, a seconda delle scissioni presenti nella situazione di partenza della singola donna potremo avere conseguenze diverse sul bambino, apparentemente inspiegabili, ma al contrario facilmente comprensibili col modello funzionale. Se il piano funzionale del fisiologico è infatti scisso da quello emotivo e/o da quello cognitivo, con poche congruenze e limitata interconnessione nel loro funzionamento, potremo avere situazioni del tutto opposte. Ad esempio quelle gestanti tranquille e serene, apparentemente convinte in pieno della loro scelta, che sembrano aver tutto accettato e spiegato, si potranno trovare, proprio loro, ad avere a che fare dall'inizio con un neonato agitato, urlante, che non dorme mai, con chiari segni di tensione e angoscia. Al contrario, quelle gestanti che pure si presentano pervase ossessivamente da pensieri angoscianti, a volte addirittura con fantasie paurose inarrestabili e catastrofiche, potranno vedere nascere bambini buoni, tranquilli e privi di tensioni. Nel primo caso un cognitivo e un emotivo scissi da un fisiologico alterato e irrigidito non hanno potuto impedire gli effetti che questo esercitava direttamente sul feto; nel secondo caso, invece, la stessa scissione in presenza di un fisiologico ben funzionante ha consentito al feto di svilupparsi in un ambiente favorevole e senza tensioni.

Un aiuto integrato

Se prendiamo in esame il modo in cui i piani Funzionali reagiscono alla nuova situazione nella singola gestante abbiamo un quadro che ci fornisce indicazioni per un progetto specifico di intervento sulla persona. La richiesta delle donne in genere non è di terapia, cioè di psicoterapia, ma solo di aiuto a superare il momento specifico; ed è importante che tale richiesta sia rispettata. Il lavoro da noi svolto al Centro Studi Wilhelm Reich a Napoli, iniziato nel 1974 sulla scia del lavoro di Reich sulla prevenzione, è comunque terapeutico nel senso di giungere a modificare la situazione di partenza, ed è sempre il risultato di un progetto secondo il Modello Funzionale, ma è mirato alla situazione particolare che parte dall'unico stimolo della gravidanza.

Il tipo di lavoro specifico per la gravidanza si differenzia da altri approcci proprio perché rientra in una visione olistica della persona con tutte le sue aree funzionali. Per esempio molti corsi di "psicoprofilassi al parto" (la procedura più antica) tendono a partire solo dagli ultimi mesi di gestazione e sono mirati al momento stesso del parto: viene utilizzata una respirazione accelerata e stancante e l'idea generale è di astrarsi dal dolore, quindi si rinforza il controllo. Spesso si ricorre all'uso di tecniche yoga, che vanno anche loro a rinforzare il controllo e in molti casi vengono adoperate senza capirne il senso.

Un altro esempio è quello del Training Autogeno, che sottolinea l'importanza del rilassamento e del "self help" come possibilità di modificare l'organismo superando lo stress del parto. Queste tecniche possono avere dei buoni risultati ma possono anche produrre effetti negativi, a seconda della persona, cioè a seconda dello stato di integrazione funzionale presente durante la gravidanza, come illustrato sopra. Il TA dà la possibilità di realizzare il rilassamento usando un canale percettivo-emotivo-volontario-motorio, ma se (come accade spesso per i motivi visti sopra) il circuito non parte o si attiva solo parzialmente, la persona va in ansia perché non riesce a rilassarsi, avvertendo un senso di frustrazione o di incapacità.

Un altro pericolo è che in una situazione del genere le fantasie e le paure possano crescere smisuratamente, soprattutto perché lo stare fermo senza veramente avere allentato il tono dei muscoli può essere allarmante (stare a letto, fermi, al buio, tesi, senza rilassarsi può fare sentire malissimo): il controllo mantiene i muscoli fermi senza modificarne il tono e gli impulsi che emergono non possono essere espressi e vanno ad alimentare le fantasie e le paure. Nel nostro approccio c'è invece la necessità di modificare il tono muscolare di base della gestante e, insieme ad esso, tutto il sistema neuroendocrino che regola il sistema tranquillità-ansia e l'esigenza di arrivare ai sistemi che regolano i neurotrasmettitori e l'equilibrio tra quelli dello stress (adrenalina centrale e noradrenalina periferica) e i peptidi del benessere (endorfine, encefaline, sostanze P); ciò si può raggiungere agendo sulla respirazione diaframmatica profonda, sullo stato del tono muscolare superficiale e profondo, sulle posture e posizioni e sulla riconnessione di tutte le aree funzionali, in un lavoro che prende in considerazione le capacità della singola gestante e non si basa unicamente su un'applicazione indifferenziata del controllo razionale.

Un ruolo molto importante è affidato alla respirazione che, diversamente da come è praticata in altre tecniche. è profonda e diaframmatica, con una espirazione non forzata ma volta a rilasciare le tensioni e le rigidità, in grado di interagire sugli equilibri vegetativi e su quelli ormonali, esattamente come si presenta nell'infanzia prima che ansie, paure e stress lo alterino. Questa respirazione, mantenuta poi in tutte le fasi del travaglio e del parto, è inoltre quella che permette di dare fisiologicamente il massimo dell'ossigenazione possibile a madre e bambino. L'andamento del lavoro che viene condotto nel gruppo per gestanti può essere suddiviso in fasi: questo schematismo rispecchia tutte le fasi che la gestante attraversa durante lo svolgersi della gravidanza, anche se in maniera certamente non così ordinata e suddivisa. Il fatto stesso che in un gruppo di gestanti si trovino contemporaneamente donne a diversi mesi di gravidanza (dal quarto mese in poi) fa capire come il lavoro non sia così schematicamente ripartito. I problemi e gli aspetti che in ciascuna fase sono più specifici e più emergenti possono essere sintetizzati con una frase, che rappresenta un po' la caratteristica dello stadio che in quel momento la gestante sta attraversando.

I FASE - IL BAMBINO IMMAGINATO

- Accoglimento dei problemi al quarto mese di gravidanza (angosce di perdita, di deformità, nausea e altri disturbi somatici, incubi, insonnia).

- Primi contatti col proprio corpo

- Modificazione della respirazione alterata.

- Respirazione diaframmatica profonda.

- Informazione sul bambino all'interno dell'utero

II FASE - IL BAMBINO SENTITO

- Lavoro sui vari distretti corporei: in particolare ripristino del movimento verso il basso per l'effetto "a salire" dovuto all'utero che sale verso il diaframma.

- Contatto col corpo che si modifica

- Rapporto col bambino. Fantasie e proiezioni.

III FASE - IL BENESSERE NELLA GRAVIDANZA

- Respiro profondo connesso ai movimenti del bacino, schiena e gambe.

- Riequilibratura della postura verticale modificata dall'aumento di peso non centrato. Assetto ben poggiato, non faticoso, non tensivo.

IV FASE - IL BAMBINO PERCEPITO

- Allentamento delle tensioni pelviche.

- Mobilizzazione e rivitalizzazione della pelvi.

- Ammorbidimento del collo uterino.

- Suono, voce, gola.

- Informazioni sulla dinamica del travaglio e del parto.

- Il parto naturale e fisiologico.

ASSISTENZA DURANTE IL TRAVAGLIO E IL PARTO

- Accoglimento e sostegno

- Respirazione e movimenti.

- Massaggi schiena, collo, gambe.

- I ritmi fisiologici.

- Il contatto dopo la nascita.

- baby massage (secondo Eva Reich).

Nell'arco del tempo a disposizione (quattro o cinque mesi massimo) l'intervento è volto ad aiutare la singola persona ad affrontare la gravidanza, a trascorrerla in uno stato di maggiore benessere possibile, ad affrontare il momento del parto in modo sereno e fisiologico; chi ne usufruisce, anche se solo negli ultimi mesi, avrà comunque un beneficio tangibile.

Si opera a livello del cognitivo, fornendo informazioni su gravidanza e parto, ridimensionando convinzioni errate e fantasie paurose; a livello della sfera dell'emotivo, lasciando spazio alle emozioni negative connesse alla condizione stessa, all'affrontare lo sconosciuto ed un nuovo ruolo di responsabilità, permettendo alla donna di esprimere in gruppo quello che spesso non può esprimere fuori.

Si lavora sul posturale non solo in modo correttivo di atteggiamenti e posizioni errate e contratture muscolari croniche, ma anche per aumentare la gamma di movimenti lenti e morbidi.

Soprattutto si lavora sul fisiologico, a ripristinare una respirazione spesso alterata e per incidere sul tono muscolare.

Con queste modalità di intervento si ottengono effetti benefici: meno disturbi, più serenità, meno paure e fantasie, un parto più rapido, spontaneo e poco doloroso (e in casi di parto cesareo comunque una rapida canalizzazione e migliore ripresa post-operatoria).

Spesso l'intervento che viene da più parti proposto per la gestante si limita a qualche esercizio di rilassamento, a fornire informazioni e lasciare spazio alla condivisione dell'esperienza. In genere l'intervento si chiama "corso di preparazione al parto" e dunque esplicitamente si prefissa solo di preparare la donna all'evento/emergenza, e al massimo fornire un progetto di azione per il parto (progetto di azione che dipende molto della capacità della donna di applicare con un controllo razionale le tecniche imparate al corso e che proprio per la riduzione del controllo razionale in gravidanza non raggiunge l'obiettivo).

Dalla gestante al bambino

Oltre all'intervento rivolto direttamente al benessere della gestante, altrettanto e forse più interessante per noi è invece il discorso della prevenzione di disturbi nel bambino, sia delle alterazioni funzionali precoci che della situazione di integrazione originaria.

Per questo ovviamente bisogna esaminare quei fattori che possono agire negativamente sull'integrazione. Come molte ricerche hanno dimostrato, numerosi fattori possono incidere indirettamente sul bambino, fattori sociali come fattori tecnologici o fattori psicofisici della madre, nonché il rapporto fra madre e padre etc., fattori che agiscono indirettamente sul benessere del bambino in quanto mediati dalle reazioni e quindi dal sistema fisiologico della madre.

Sarà dovere di una buona politica socio-sanitaria cercare di prevenire molti dei fattori che mettono a rischio il benessere psicofisico della madre e del bambino, ma non è il terapeuta corporeo che può pretendere di controllare tutto questo in un gruppo per gestanti, soprattutto quando la richiesta è limitata a un aiuto per il parto.

Prendiamo invece in considerazione come si può agire direttamente sul bambino durante la gravidanza, utilizzando questo periodo per lavorare al fine di evitare scissioni precoci, avvalendosi di una teoria del Sé che permetta di formulare delle ipotesi riguardo il formarsi delle patologie.

Si tratta di verificare in che modo il bambino può essere "contattato" attraverso il sistema materno, cioè nell'interazione delle due aree fisiologiche. Attraverso le sostanze chimiche, il tono muscolare, il battito cardiaco, la circolazione, il sistema della madre è in diretto contatto col sistema fisiologico del bambino. Sono le modificazioni a livello fisiologico/neuroendocrino che permettono il concepimento, lo sviluppo del feto, l'espulsione al momento del parto e l'allattamento; ed è tramite il sistema fisiologico che il benessere o malessere della madre, influenzato anche dalle condizioni circostanti, va ad agire sul bambino.

È noto ormai che quella intrauterina è un'esistenza ricca di stimolazioni sensoriali e umorali provenienti dall'ambiente uterino e che il feto ha molte capacità recettive, percettive e reattive a stimoli interni ed esterni. Si sa che gli effetti dello stress grave e prolungato nella madre agiscono sulla situazione umorale e ormonale del bambino attraverso il sistema umorale e ormonale di questa; che il sonno REM della madre ha incidenza sul sonno REM del bambino; che anche un momento di forte emozione, per esempio di paura, si comunica e agisce sul bambino non con una trasmissione diretta di emozione ma tramite una scarica di adrenalina, la tachicardia, l'alterazione del respiro. Il sistema di comunicazione diretta tra il bambino e il mondo passa attraverso il fisiologico via cavo (il cordone ombelicale), e via parete attraverso l'utero. Solo il piano funzionale posturale della madre, oltre a quello fisiologico, invia una quota di messaggi direttamente al bambino, ed è quella relativa alla qualità dei movimenti, che possono venire da lui percepiti direttamente nel loro essere bruschi, violenti, a scatto oppure lenti, morbidi, delicati, potendo così influenzarne l'organizzazione del Sé in crescita.

Pertanto il lavoro con la gestante è mirato a prevenire alterazioni e turbe precoci nel bambino e consiste per noi in un intervento volto con particolare riguardo all'area funzionale fisiologica. Si lavora soprattutto per ristabilire un respiro profondo diaframmatico, allentare le tensioni muscolari ammorbidendo il tono della parete dell'utero, diminuire lo stato di ansia e agitazione della donna e con esso le sostanze che fluiscono dal suo sangue a quello del bambino, oltre a incoraggiare movimenti lenti e morbidi. La nostra esperienza trentennale ci ha permesso di riscontrare che tutte le donne su cui questo lavoro ha agito per un tempo sufficiente, anche senza un livello di consapevolezza su quanto andava accadendo nel loro sistema fisiologico, hanno dato alla luce dei bambini definiti sempre "buoni", cioè tranquilli, che dormono, mangiano, piangono relativamente poco, e che sono dall'inizio più regolari della norma e trovano presto i ritmi diurno-notturno: e tutto ciò non è solo un sicuro indice di benessere ma rappresenta anche un aiuto nello stabilirsi della relazione tra madre e neonato nel critico periodo iniziale.

DIAGRAMMA FUNZIONALE
DONNE IN GRAVIDANZA

razionale
fantasie
ricordi
identificazione col bambino
condizione regressiva
immaginazione progettuale
tenerezza
fragilità
desideri incontrollati
dipendenza

respirazione toracica
distribuzione del peso
ormonale
stitichezza
posture
sensazioni
crampi
nausea
bruciori di stomaco
insonnia
apparato circolatorio
modificazioni della struttura
movimenti impacciati e rallentati
aumento del peso

15 maggio 2003
Paola Bovo

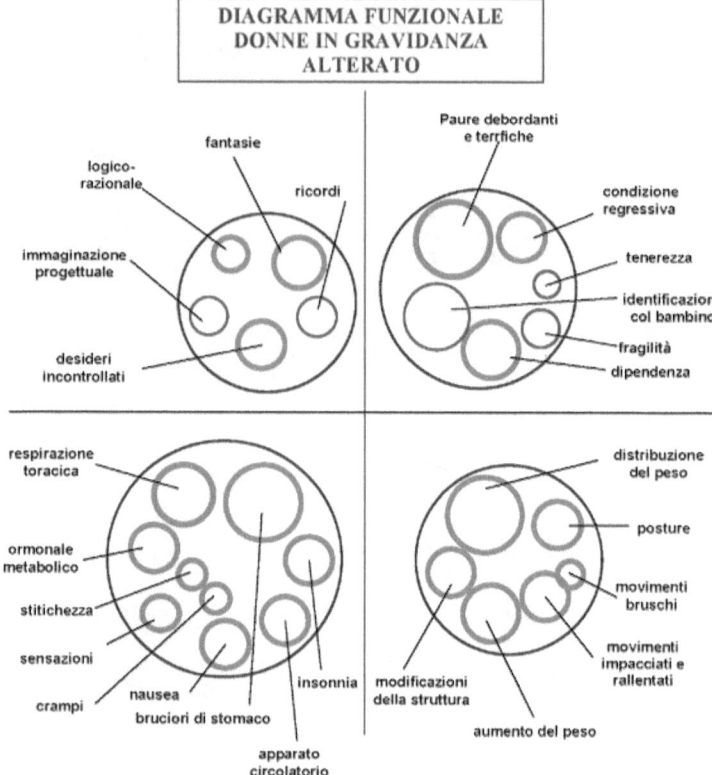

**DIAGRAMMA FUNZIONALE
DONNE IN GRAVIDANZA
ALTERATO**

fantasie

Paure debordanti
e terrfiche

logico-
razionale

ricordi

condizione
regressiva

immaginazione
progettuale

tenerezza

identificazione
col bambino

desideri
incontrollati

fragilità

dipendenza

respirazione
toracica

distribuzione
del peso

ormonale
metabolico

posture

stitichezza

movimenti
bruschi

sensazioni

movimenti
impacciati e
rallentati

crampi

nausea

insonnia

bruciori di stomaco

modificazioni
della struttura

aumento del peso

apparato
circolatorio

15 maggio 2003
Paola Bovo

LA RESPIRAZIONE

di Luciano Rispoli

La respirazione e il piano bio-fisiologico

La pratica clinica ci ha ampiamente dimostrato che alcuni livelli corporei costituiscono una vera e propria "chiave" di accesso al funzionamento profondo dell'organismo umano, e rappresentano quindi dei *fattori generali di regolazione*. Intervenendo su di essi dall'esterno è possibile avere effetto anche sui piani più interni del *continuum* macro-micro (quali il sistema neurovegetativo, i circuiti neuroendocrini, i meccanismi di regolazione della pressione, della temperatura, del battito cardiaco, del movimento intestinale).

Non c'è dunque solo una via *cortico-viscerale* (processi cognitivi che agiscono sul funzionamento dei nostri organi e sistemi interni) ma anche e non meno importante una via *muscolo-viscerale* (l'influenza che sugli stessi organi e sistemi interni ha il sistema muscolare nel suo insieme). Un dato interessante a sostegno del collegamento tra questi due livelli, è il fatto che persino la membrana del midollo pulsa per effetto della respirazione, membrana che – ricordiamo - è il luogo di numerosi recettori di importanti trasmettitori biochimici.

Le ricerche dei fattori di regolazione sono importanti negli studi psicobiologici ma anche per la psicoterapia che si voglia occupare dell'organismo intero. La rilevanza della scoperta dei tre fattori di regolazione costituiti dalla *respirazione diaframmatica originaria*, dal *tono muscolare di base* e dalla *mobilità delle posture* risiede nell'aver individuato elementi facilmente accessibili dall'esterno operando sui quali si ottengono effetti significativi sui piani più interni e profondi, inaccessibili se non a livello farmacologico, aprendo così una strada fertile e ricca di prospettive.

Attualmente è in corso una nostra ricerca, particolarmente importante e utile, sugli effetti della respirazione diaframmatica, e in particolare sulla capacità di portare l'organismo in profonda vagotonia. E' una ricerca importante perché è oramai ampiamente dimostrato che il più potente elemento per diminuire l'infiammazione è appunto il vago; e oggi si è scoperto che l'infiammazione è considerata una delle cause più insidiose e profonde di problemi di salute in generale, di numerose patologie, dell'indebolimento del sistema immunitario, e anche dei processi di invecchiamento.

Le modalità della respirazione

Tra i fattori di regolazione generale, uno dei primi per la sua importanza è senza dubbio quello della *respirazione*.

Della respirazione se ne parla molto, in molte tecniche terapeutiche, ma non sempre in modo chiaro e preciso. Chi dice che bisogna forzarla, chi allungarla, chi trattenerla e così via. Su questo punto è tempo di fare definitivamente chiarezza. Modalità differenti di respirare esistono e sono collegate a scopi differenti e a situazioni differenti di vita. Un soggetto sano assume automaticamente quella più adatta alla situazione del momento.

Nella respirazione *toracica*, ad esempio, l'organismo va in *simpaticotonia*: si rallenta la peristalsi intestinale, il sangue è pompato più in fretta, aumenta la sudorazione per smaltire il calore di un'eventuale azione imminente, i muscoli sono messi in condizione di agire; il tutto prepara ad affrontare una situazione di allarme, in cui sono necessarie concentrazione, lucidità di mente, forza muscolare, capacità di lottare.

Oppure la respirazione può diventare molto *rapida* al fine di aumentare il tasso di ossigeno in caso di forte affaticamento. Oppure può prevalere l'atteggiamento di trattenere l'aria in inspirazione, quando si tende a diminuire la sensibilità generale e a sopportare meglio il dolore.

Nella tabella seguente sono elencati i vari tipi di respirazione, i loro effetti e, dunque, le varie situazioni in cui le persone vi ricorrono.

Respiro diaframmatica con prolungamento toracico	Più forza, più energia ma ancora nella calma
Espirazione lunga	Trattenere, non lasciare il controllo
Respiro veloce affannoso	Ansia, segnale di allarme, agitazione. Come dopo una corsa: "raffreddare la fatica"
Respiro leggero, inesistente	Essere invisibili, non farsi sentire, non farsi notare
Respiro Toracico	Affrontare sempre di petto, fare lotte e battaglie, simpaticotonia
Respiro Toracico Alto	Paura, acqua alla gola, sentirsi paralizzati
Inspirazione breve, pausa post-inspiratoria	Resistere anestetizzare il dolore

Inspirazione rapida, inghiottire il respiro, respiro troncato	Pericolo, prepararsi a capire cosa c'è per poi agire rapidamente
Sbuffare	Scaricare l'ansia, ma non vera calma
Respiro scoordinato	Ansia, scoordinamento, difficoltà, respiro non mirato a qualcosa
Respiro falsamente diaframmatico o con contraccolpo	Controllo, voler fare tutto con la volontà; oppure ripresa di controllo

Il problema non è la presenza nelle persone di respirazioni diverse da quella diaframmatica, il problema nasce quando una di queste respirazioni permane al di là del momento in cui è necessaria e utile. In questo caso la respirazione subisce un'alterazione che permane nel tempo e che diventa cronica.

La respirazione diaframmatica

La respirazione diaframmatica, invece, produce vagotonia – come accennato precedentemente -, vale a dire il sistema addetto ai momenti di calma, di tranquillità, di allentamento. Stomaco e intestino sono in movimento, il sangue scorre più lento, vengono messe in circolazione endorfine e proteine P che producono un intenso senso di benessere. L'organismo non deve affrontare nessuna situazione che richieda azione intensa, rapide decisioni, concentrazione, prontezza di riflessi, forza a disposizione.

In un funzionamento sano, un individuo dovrebbe poter ritornare alla respirazione diaframmatica ogniqualvolta non ci sia più bisogno di attivarsi, di affrontare situazioni di allarme, pericolo o lotta. Nei bambini tutto questo è ben visibile: la respirazione diaframmatica è chiaramente presente per la maggior parte del tempo. Anche quando stanno compiendo degli sforzi fisici, se non c'è motivo di allarme, la respirazione è ancora diaframmatica. Ma nel corso dello sviluppo evolutivo, per le pressioni negative dell'ambiente, questo funzionamento sano può andare incontro ad alterazioni: si perde la capacità di ritrovare vari tipi di respirazione a seconda delle circostanze esterne, si perde la capacità di ritornare alla respirazione diaframmatica, e si resta intrappolati in un tipo di respirazione diverso che diventa cronico, permanentemente presente anche quando non ce ne sarebbe bisogno. Se un bambino è spesso in allarme, impaurito, il diaframma si irrigidirà, il respiro sarà mozzato, e con l'andar del tempo non ritornerà più ad essere diaframmatico ma resterà sempre alto nel torace.

Ecco perché la respirazione diaframmatica è quella che in terapia ci interessa, è quella che ha bisogno di essere recuperata, al fine di recuperare anche una importante capacità di regolazione dell'intero organismo, di recuperare allentamento, calma e benessere di fondo.

La respirazione diaframmatica profonda spontanea

La respirazione diaframmatica è anche definita *profonda* perché non è superficiale, ma arriva in profondità; ed è *spontanea* perché normalmente non è forzata. Il diaframma è quel muscolo che taglia trasversalmente il corpo, innestato sulle costole davanti e dietro la schiena. Il diaframma è un muscolo di tipo misto, volontario e involontario al contempo: funziona anche se non lo attiviamo volontariamente (assicurando la respirazione anche quando non ci pensiamo), ma può anche essere sollecitato volutamente per tirare sospiri più profondi quando ne sentiamo la necessità o il desiderio. Il diaframma è dunque un organo che fa da *ponte* tra uno stato più consapevole e un funzionamento di tipo più autonomo, vegetativo.

Nelle figure della pagina seguente viene riportato l'andamento di una respirazione diaframmatica sia come tempi delle varie fasi, sia come effetti sulla simpaticotonia e sulla vagotonia.

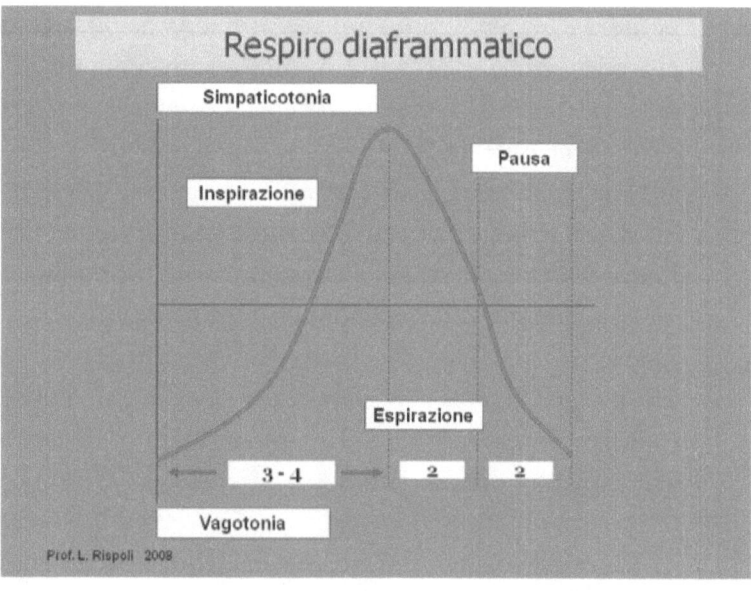

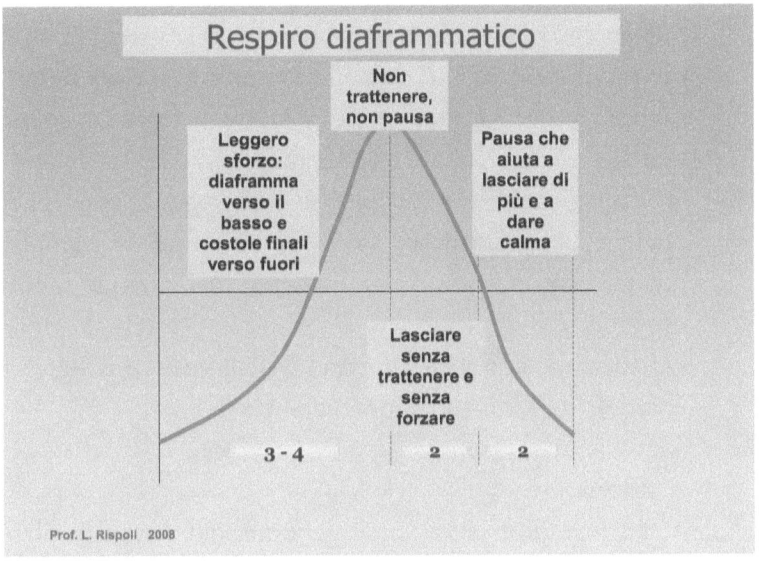

Inspirazione

Nell'inspirazione il torace resta fermo, calmo, abbassato, perché si deve espandere solo la parte inferiore dei polmoni (che ha una capacità volumetrica molto maggiore della parte superiore, più che sufficiente quindi ad assorbire l'ossigeno necessario a un funzionamento in situazioni tranquille). Per far espandere la parte inferiore dei polmoni il diaframma si abbassa e finisce per spingere verso il basso il pacco degli organi addominali, per cui il ventre si alza ma non per un'azione dei muscoli. Nello stesso tempo si sollevano anche le ultime costole per facilitare l'entrata dell'aria nel basso dei polmoni. Anche altri muscoli partecipano, pur se più indirettamente: quelli della schiena, delle spalle, e anche quelli del pavimento pelvico per favorire la discesa dell'aria verso il basso.

L'inspirazione è dunque una fase attiva, di leggero e morbido sforzo che avviene abbastanza *lentamente*.

Nel caso particolare sia necessaria una maggiore quantità di aria, dopo che si è riempita la parte bassa dei polmoni si riempie anche un poco la parte alta, e il torace si solleva un poco (successivamente all'addome).

In un bambino piccolo si può notare con maggiore evidenza che l'inspirazione è un movimento complessivo che prende quasi tutto il corpo. Nell'inspirazione Il corpo si espande, la curvatura della colona vertebrale tende a raddrizzarsi, cosicché gli estremi della testa e delle vertebre "caudali" tendono ad allontanarsi tra di loro.

Espirazione

La fase di espirazione è generata dal semplice rilasciarsi della muscolatura, di tutta la muscolatura interessata alla respirazione. L'aria allora esce non più trattenuta perché a pressione leggermente superiore a quella esterna, aiutata anche dall'allentarsi dei muscoli (il diaframma risale e le costole si abbassano) che tendono a contrarre leggermente i polmoni. L'aria esce molto più *rapidamente* di quando è entrata, come un palloncino che si sgonfia. Non viene forzata fuori, ma esce spontaneamente.

Quando invece l'espirazione è prolungata vuol dire che l'aria viene trattenuta rispetto al suo uscire spontaneo, e che i muscoli non si sono allentati completamente ma vengono rilasciati solo a poco a poco in modo controllato, perdendo la modalità del movimento spontaneo e naturale, e perdendo anche l'effetto di stimolare la vagotonia, così come vedremo più avanti.

La fase di espirazione deve essere caratterizzata non da uno sforzo, ma al contrario da un *lasciare profondo*.

Se nell'inspirazione si erano riempite anche le parti alte dei polmoni, nell'espirazione si abbassano quasi contemporaneamente addome e torace, ma leggermente prima l'addome.

Al contrario che nella fase precedente, testa e "coda" questa volta si riavvicinano, l'intero corpo tende a svuotarsi, ad ammorbidirsi, a raggomitolarsi, in una sorta di distensione generale.

Le pause

Dopo l'inspirazione non vi è pausa, l'aria non viene trattenuta perché l'ossigeno viene subito messo in circolazione nel sangue. Trattenerla vorrebbe dire diminuire la sensibilità, generare una leggera anestesia, utile specie se c'è presenza di dolore nella persona.

Vi è invece una pausa abbastanza lunga dopo l'espirazione perché il "lasciare" possa completarsi pienamente senza riprendere subito l'azione dell'inspirazione, e facendo così aumentare maggiormente la condizione di vagotonia.

Gli effetti della respirazione diaframmatica

Il diagramma della figura 1 mostra l'andamento nel tempo di un intero ciclo respiratorio nel caso di respirazione diaframmatica profonda spontanea, messo in relazione anche con l'andamento della simpaticotonia e della parasimpaticotonia (sull'asse verticale).

Figura 1

Si noti innanzitutto come la fase inspiratoria sia più lunga di quella espiratoria, poiché quest'ultima è soltanto un *lasciare* i muscoli e permettere che l'aria esca da sola, senza forzarla e senza neppure trattenerla. Importanti sono anche le durate della pause: brevissima dopo l'inspirazione e molto più lunga quella dopo l'espirazione. I tempi sono grosso modo i seguenti nel rapporto l'uno con l'altro: 4 per l'inspirazione, quasi 0 per la pausa dopo l'inspirazione, 2 l'espirazione, e 2 la fase dopo l'espirazione.

Se si monitorizza la frequenza del polso durante un intero ciclo respiratorio si noterà come il battito cardiaco acceleri un poco durante l'inspirazione e rallenti sia durante l'espirazione che nella pausa post-espirazione. Se questa pausa dura troppo la frequenza del battito cardiaco tende nuovamente a riaumentare.

Ora, dal momento che la frequenza del battito cardiaco è uno degli indicatori classici dello stato di attivazione del neurovegetativo, possiamo dire che di pari passo con l'alternanza inspirazione-espirazione (che è anche alternarsi di attivazione-lasciare) procede l'alternarsi simpaticotonia (sistema della vigilanza e dell'attivarsi di fronte al pericolo) parasimpaticotonia (sistema della calma e della tranquillità).

Dal diagramma si rileva anche che se la espirazione non fosse spontanea a lasciare (ma allungata e controllata, o forzata e alterata come nella respirazione prevalentemente toracica) finirebbe per prevalere il sistema simpaticotonico perché non si avrebbe un pieno recupero della fase parasimpaticotonica del lasciare. Solo la respirazione diaframmatica profonda spontanea assicura un prevalere del sistema della calma e della tranquillità.

Le alterazioni della respirazione

Abbiamo visto come durante lo sviluppo evolutivo e la vita della persona la respirazione possa alterarsi in modo cronico. Vediamo quali tipi di respirazione alterata si possono riscontrare.

Respiro toracico

In questo tipo di respiro il diaframma e la pancia sono quasi immobili, il respiro è tutto a carico del petto e della parte alta dei polmoni. Vi si può osservare una certa sconnessione tra la parte alta e la parte bassa del corpo.

Toracico alto

È un caso ancora più esasperato di respiro toracico. Pancia e diaframma comunque non vi partecipano, ma in questo caso neanche il torace si nuove molto perché è gonfiato, cronicamente sollevato. Il respiro è portato completamente verso l'alto, quasi in gola.

Modalità simili si presentano quando una persona prova un forte spavento e resta col "fiato mozzato". In tutti i casi di asma si rileva un respiro toracico alto: il petto è gonfio e le condizioni di spasmo ai brancheoli polmonari sono molto probabilmente sollecitate da questo sovraccaricare continuamente la parte alta dei polmoni.

Respiro in inspirazione cronica
Nell'inspirazione l'aria viene come inghiottita, è come rumorosamente risucchiata dalla "gola", ma poi stenta a essere rilasciata. Il respiro è trattenuto in inspirazione e soltanto dopo un intervallo interviene l'espirazione.

Nell'esperienza comune, quando si cerca di concentrare le proprie forze per resistere, per sopportare, si ricorre a questo tipo di respiro, si tende a mantenere l'inspirazione. Sembra che il mantenere l'inspirazione abbia un effetto anestetizzante sul dolore: i bambini prima di un'iniezione tirano il respiro e trattengono il fiato.

Respiro scoordinato
In questo tipo di respiro non c'è armonicità nell'onda respiratoria: i tempi di espansione di addome e torace sono sfalsati tra di loro e cambiano continuamente. Il torace può sollevarsi a volte prima dell'addome a volte dopo, svuotamenti reiterati del torace possono essere inframmezzati da movimenti dell'addome.

In genere si ha questo tipo di respiro quando c'è forzatura e controllo dell'atto respiratorio, quando l'atto respiratorio non è *spontaneo*.

Respiro a scatti
Qui il movimento del diaframma è possibile ma non è fluido né morbido perché i muscoli sono ancora abbastanza

tesi: si attivano e si rilasciano con degli scatti che producono un caratteristico ritmo frammentato. È tipico nei bambini quando, dopo un pianto dirotto a singhiozzi, tirano finalmente respiri più lunghi, respiri che sono scossi da sobbalzi perché diaframma e muscoli della respirazione non si sono ancora rilasciati del tutto.

Respiro addominale con contraccolpo

L'addome si muove ma durante l'espirazione, mentre si sta abbassando, è visibile un contraccolpo verso l'alto generato da un ritorno della contrazione muscolare della fase inspiratoria. È un piccolo sussulto, come se intervenisse un timore, un ripensamento, nel lasciarsi andare completamente nell'espirazione.

Respiro falsamente diaframmatico

Il diaframma apparentemente sembra muoversi dal momento che l'addome si solleva. In realtà la persona agisce sui muscoli della pancia per sollevarla e il diaframma è teso e quasi del tutto immobile. Ne è una riprova il fatto che la quantità di aria effettivamente immessa nei polmoni è in realtà esigua, proprio perché il movimento era dei muscoli addominali e non del diaframma.

Spesso il soggetto che respira in questo modo lo fa perché sente il bisogno di ritrovare una respirazione diaframmatica e ci prova, ma gli sforzi finiscono per accentrarsi su un distretto muscolare che è estraneo alla respirazione vera e propria.

La respirazione in gravidanza

Da tutto quanto detto fin qui, risulta fondamentale nell'intervento in gravidanza recuperare la respirazione diaframmatica profonda spontanea. Ogni Funzione psicocorporea dell'organismo se si altera può restare chiusa in cortocircuito su se stessa, per cui non è sufficiente prenderne coscienza per poterla rimodificare; lo stesso vale per la respirazione. È necessario allora intervenire *direttamente* sulla Funzione respiratoria, allentando con il massaggio i muscoli contratti, tenendo abbassato il torace per fare alzare l'addome, aiutando a "lasciare" nell'espirazione con l'aiuto delle mani, richiamando con il contatto l'aria verso il basso, e utilizzando molte altre tecniche specifiche.

Se il respiro è alterato, non ha assolutamente senso amplificarlo così com'è, perché non si farebbe nient'altro che rafforzare qualcosa che non funziona. Non solo, ma così facendo si rischia anche di provocare sensazioni niente affatto utili se non addirittura dannose; giramenti di testa troppo forti, piccoli collassi, nausee intense, visioni alterate, e soprattutto "tetanie" (dolorosi irrigidimenti a carico soprattutto delle mani e delle braccia, ma anche della bocca e progressivamente di altre parti del corpo, dovuti a particolari proteine scatenate da una iperossigenazione troppo forzata e prodotta in condizione simpaticotonica).

Bisogna, dunque, porre molta attenzione a *trasformare* il respiro alterato, a cambiare realmente situazioni di non funzionamento piuttosto che lasciarle uscire, assecondarle. E operando in questo modo si scopre che non ci si imbatte assolutamente più in incidenti come la tetania. Anzi, restaurare la respirazione diaframmatica produce una serie di effetti estremamente positivi e utili al cambiamento e perciò rappresenta uno dei punti centrali da curare lungo tutto il percorso. Innanzitutto si cominciano a riaprire le sensazioni che erano chiuse: piccole correnti vitali che fluiscono nel corpo, sensazioni di allentamento e di torpore, stanchezza e voglia di fermare l'eccessivo movimento di una vita troppo stressante. In secondo luogo aumenta il contatto con se stessi e con le proprie emozioni e anche con ciò che non funziona tanto bene nel nostro corpo. E infine si producono intense sensazioni di benessere, di leggerezza o di pesantezza, di galleggiamento, di calma, di serenità.

Ciò ci permette di ripristinare, poi, la respirazione diaframmatica profonda originaria per riequilibrare il funzionamento neurovegetativo e recuperare la vagotonia di fondo per poter lasciare andare, stare, allentare il tono muscolare di base, il pavimento pelvico, la parete dell'utero e, quindi, permettere il benessere alla gestante e al bambino. Nella nostra esperienza con i gruppi delle gestanti abbiamo osservato che anche il bambino si calma con una respirazione diaframmatica profonda, con un contatto che gli permetta di stare piacevolmente nel benessere. Questo a dimostrazione del fatto che la respirazione, unita al lavoro sui diversi piani del Sé e sulle Esperienze di Base legate alla gravidanza, diventa fattore fondamentale per il benessere complessivo della madre e, di conseguenza, del bambino.

La respirazione fetale (la respirazione intra ed extra-uterina)

La Psicoterapia Funzionale mette in rilievo l'importanza della capacità di lasciare le tensioni attraverso una buona qualità di respirazione ottenuta attraverso la capacità di modulazione dell'attività motoria del muscolo diaframmatico: respirare gonfiando la pancia trova una valenza specifica nel feto essendo implicate nella respirazione tutte le altre funzioni ma soprattutto l'attività cardiaca e il movimento. Dentro la pancia, come abbiamo già visto, la respirazione si attua all'interno del liquido amniotico, in condizioni fisiche assai differenti da quelle extrauterine. Tuttavia il legame tra respirazione intrauterina ed extrauterina è molto forte e determinato da proprietà fisiologiche ben note. Il "primo respiro" del bambino dopo la nascita, ad esempio, consente di "muoversi" bene nel mondo extrauterino. Il parametro della respirazione, quindi, costituisce un indice diagnostico e prognostico per la vita del futuro neonato.

In Psicoterapia Funzionale la qualità della respirazione può essere monitorata attraverso schede di valutazione e rilevazione che permettono l'individuazione precoce di alterazioni della funzionalità respiratoria in relazione alla modalità di attivazione di altre funzioni ad essa collegate. In Psicoterapia Funzionale è noto come la respirazione influisca sulla capacità di stare tranquillo del neonato e come questa funzionalità specificatamente positiva possa essere ottenuta grazie alla integrazione di altre funzioni ad essa correlate che comprendono, quindi, anche tutte le varie fasi della gestazione.

I movimenti respiratori fetali, come per la respirazione postnatale, sono organizzati principalmente in contrazioni ritmiche del diaframma, ma possono anche coinvolgere altri muscoli scheletrici come quelli della parete toracica e del tratto respiratorio superiore.

Non si può parlare, quindi, di una vera e propria respirazione fetale, ma di piccole contrazioni che ha il feto nell'utero materno e che, dopo la nascita, si trasformano in un vero e proprio respiro. Lo sviluppo polmonare post-natale, però, dipende in gran parte dalle condizioni di sviluppo prenatali.

Durante la vita fetale il polmone è esteso dal liquido che è essenziale per la sua crescita sana; dopo la nascita la crescita della cassa toracica è diretta dallo sviluppo polmonare. Diverse ricerche hanno dimostrato che la respirazione fetale aumenta nello stato di sonno tranquillo del bambino nella pancia e si altera in condizioni di stress ambientali. Questa ultima condizione è anche predittiva di una maggiore vulnerabilità temperamentale del feto e della predisposizione verso quadri psicopatologici alla nascita, a prescindere dalla costituzione psicopatologica della madre e del suo grado di ansietà.

Le ricerche

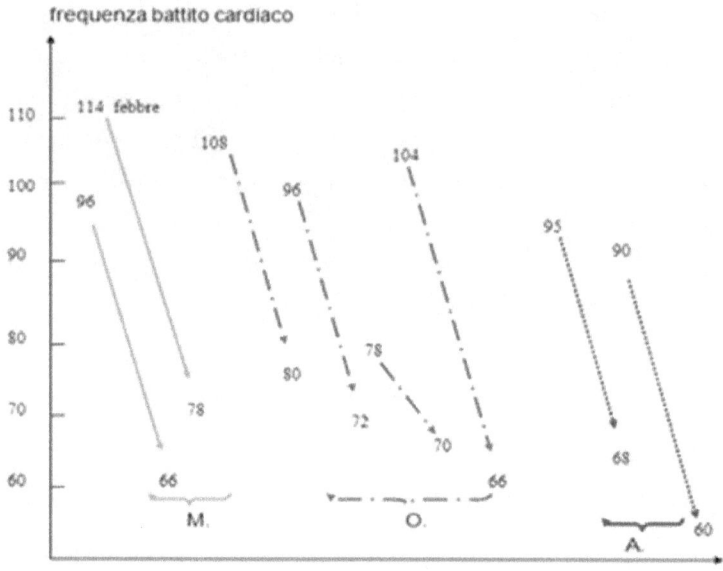

frequenza battito cardiaco

Fig. 2   Eventi - Sedute

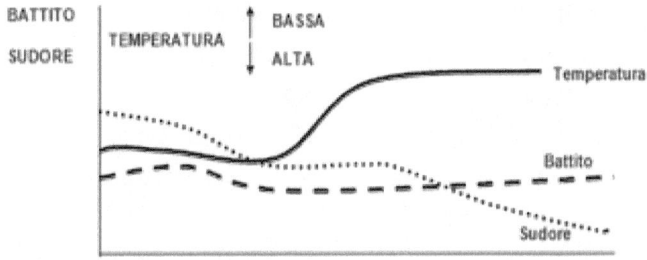

Figura 3 a

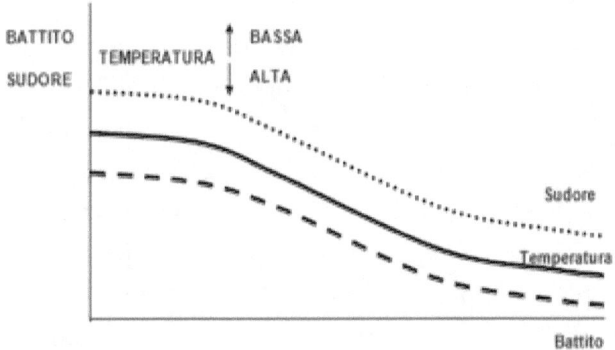

Figura 3 b

Le figure 2 e 3 illustrano alcuni significativi risultati delle ricerche da me condotte sulla *restaurazione* della respirazione diaframmatica, e sugli effetti che si sono resi visibili.

La figura 2 mostra come la frequenza del battito cardiaco scenda sempre, e notevolmente, quando sia stata restaurata questa respirazione durante una seduta di terapia. Le varie frecce rappresentano la frequenza del battito cardiaco all'inizio e alla fine di altrettante sedute raggruppate per soggetti. In alcuni dei casi, la persona aveva all'inizio di seduta una frequenza cardiaca molto elevata per la presenza di uno stato febbrile.

I due grafici della figura 3 illustrano, invece, le modificazioni che insieme si producono (sempre per effetto della restaurazione della respirazione diaframmatica nel corso di una singola seduta) della temperatura corporea periferica (in particolare delle mani), dello stato di sudorazione e del battito cardiaco.

Il primo grafico si riferisce a situazioni tipiche di inizio terapia. Si noti come questi parametri, tutti e tre indicativi dello stato di equilibrio del sistema neurovegetativo (simpatico-parasimpatico), si modifichino nel corso della seduta, ma non per forza in modo *congruente* tra di loro. Molto spesso, infatti, si è ingenerata nella storia del soggetto una condizione di scissione di Funzioni all'interno dello stesso sistema neurovegetativo, per cui le tre Funzioni non hanno più un andamento coerente tra di loro. Del resto non è raro imbattersi in persone che hanno le mani sempre sudate (pur non avvertendo paura o disagio) ma non il battito accelerato; oppure tachicardie ma senza alterazioni di pressione o di sudore. In questo caso la temperatura periferica tende a diminuire invece di aumentare e il battito cardiaco non diminuisce quanto diminuisce la sudorazione alle mani.

Il secondo diagramma mostra come, con il procedere della terapia, i tre indicatori del neurovegetativo finiscano per divenire *congruenti*, le Funzioni finiscano per riconnettersi e integrarsi nuovamente tra di loro. Alla fine della seduta, se si è raggiunta in pieno la respirazione diaframmatica, si ha sempre un abbassamento della frequenza cardiaca, una diminuzione della sudorazione, e un innalzamento della temperatura periferica.

Ciò sembra dimostrare che con la respirazione diaframmatica si ritrova sempre una condizione di parasimpaticotonia piena, osservabile anche attraverso le sensazioni di ammorbidimento, di tranquillità, di benessere che il soggetto prova, nonché dallo spianarsi dei tratti del volto, dal fermarsi dei movimenti, dall'allentarsi delle tensioni.

Tutto ciò rafforza la consapevolezza di quanto sia importante proseguire nella direzione di queste ricerche, per comprendere sempre meglio uno dei più importanti *fattori di regolazione generale* del nostro organismo e della nostra vita.

I DISTURBI IN GRAVIDANZA: LA NAUSEA

di Paola Bovo

Studi più recenti resi possibili anche da moderne tecnologie hanno spostato man mano indietro l'attenzione delle ricerche sull'età evolutiva: al neonato prima e alla vita fetale intrauterina poi.

Da queste ricerche emerge in maniera sempre più evidente l'esistenza di una relazione intensa tra bambino e ambiente già in questo periodo di vita.

Ne discendono due ordini di conseguenze: innanzitutto lo strutturarsi del rapporto tra madre e bambino già durante lo svolgersi della gravidanza, con le conseguenze che questo comporta sia per l'uno che per l'altra; in secondo luogo gli effetti che una buona gravidanza ha sul bambino anche a lunga distanza dopo la nascita.

Per la madre la nuova condizione comporta l'accettare in modo positivo cambiamenti e modificazioni dello stato abituale che la coinvolgono in maniera molto profonda a tutti i livelli (fisiologico, chimico-ormonale, posturale, emotivo). Trasmettere l'esistenza e l'energia vitale a un altro essere che va formandosi dentro di sé, implica dividere qualcosa con l'altro, far spazio al proprio interno, essere in grado di dare una parte di se stessi e della propria energia con sufficiente tranquillità e consapevolezza di averne abbastanza. Altrimenti la condizione che si può instaurare è quella di una forzata concessione, una rassegnazione a sentirsi sottratte forze, sostanze ed energie, che costituisce una delle basi su cui si possono innescare quelle turbe psicofisiche così frequenti (quali nausea, vomito, astenie, insonnia), riconosciute da tempo come non strettamente organiche.

Per fare un esempio concreto, quello della nausea, possiamo dire che, oltre alla quota da collegare direttamente al marcato aumento degli ormoni specifici della gravidanza, abbiamo sempre potuto constatare attraverso la Psicologia Funzionale la connessione tra respirazione, mobilità del diaframma e nausea. In effetti sia negli uomini che nelle donne, quando il muscolo diaframmatico è particolarmente teso e le sue inserzioni irrigidite e ferme, indurre respirazione e mobilità del diaframma può produrre l'istaurarsi di nausee, che scompaiono solo al ripristino di una maggiore mobilità, con un respiro più verso il basso e addominale.

Anche il collo e tutti i suoi fasci muscolari (in connessione con i labirinti e il sistema dell'equilibrio) sono coinvolti nel meccanismo della nausea, o quando in condizioni di cronico irrigidimento si inducono movimenti a cui la persona non è abituata, o quando si ha un aumento del tono muscolare, del trattenere, pur continuando a compiere i movimenti abituali.

Quest'ultima evenienza si ritrova nelle donne in gravidanza, che modificano sensibilmente l'atteggiamento corporeo trattenendo i propri movimenti ancora di più, evitando sobbalzi eccessivi o bruschi, mutando assetto ed equilibrio come a proteggere la nuova condizione percepita come delicata, e nello stesso tempo a proteggersi dal nuovo e dall'estraneo che sta irrompendo. Quest'atteggiamento è soprattutto a carico del collo e delle spalle, contribuendo così come abbiamo detto, al fenomeno della nausea. Esso inoltre va intensificandosi sempre di più anche per il modificarsi progressivo della postura eretta della donna che, per controbilanciare il peso della pancia, non riuscendo molto spesso a ruotare in avanti il bacino, va spostando la schiena all'indietro e di conseguenza collo e attaccatura delle spalle in avanti. Ne deriva quella ben nota sintomatologia delle braccia e mani addormentate, dovute alla compressione sui tronchi nervosi e vascolari, a una cattiva circolazione sanguigna, a scarsa ossigenazione, eccessiva staticità dei tessuti sia superficiali che profondi.

Con la Metodologia Funzionale si può intervenire in maniera molto efficace e molto specifica su tutti i disturbi della gravidanza, non solo su questi due esempi citati, poiché si arriva alle fonti di questi complessi meccanismi psicofisici, attraverso metodologie sperimentate e verificate da oltre 30 anni e continuamente in arricchimento. Non si sottolineerà mai abbastanza la diversità di queste tecniche rispetto a quelle che oggi sono più comunemente utilizzate ma estremamente più superficiali o limitate.

Non si tratta infatti soltanto di rilassare, o di intensificare un po' la respirazione, o di rassicurare, o di trovare qualcosa che tamponi parzialmente l'emergenza del travaglio e del parto. Si tratta invece di modificare nei suoi profondi Funzionamenti lo stato con cui la donna affronta tutta l'esperienza, fino alla nascita del proprio figlio, riportandola per quanto è possibile a quelle condizioni di naturalità e di evento fisiologico, caratterizzati cioè da facilità e serenità nell'affrontare l'intero periodo, da mancanza di disturbi o sintomi particolari, da sofferenze limitate in intensità e durata al momento del travaglio e del parto.

TECNICHE FUNZIONALI PER GESTANTI

di Paola Bovo

In questo capitolo riportiamo le tecniche da me utilizzate ed elaborate in tutti questi anni, tranne alcune che sono prese dal Manuale delle Tecniche (2000, 2011, 2016) e messe a punto da Lucano Rispoli (come specificato sotto di esse):

Ricordiamo sempre che ogni movimento, ogni tecnica, vanno eseguiti insieme al respiro e alla voce, anche poca, anche un sospiro, ma che riesca a far vibrare un po' la gola e quindi allentare il pavimento pelvico che alla gola è collegato.

Il respiro diaframmatico profondo, a cui dobbiamo cercare di riportare ogni gestante, ha un ritmo caratterizzato da: inspirazione lenta, espirazione rapida a lasciar uscire, breve pausa. Meglio dare indicazioni semplici, come "prendiamo l'aria", facciamola uscire", ecc. piuttosto che "inspirare" ed "espirare", che nelle persone non addette ai lavori crea confusione.

Ogni movimento delle varie tecniche va eseguito in genere 3-4 volte di seguito.

Tecniche in piedi

1)   In piedi, ginocchia un po' piegate, piedi paralleli con una distanza tra loro adeguata alla propria altezza, spalle e braccia giù, testa un po' all'indietro, tutto il peso del

corpo sulla parte anteriore del piede: ben diritte e stabili.

2) Prendere un po' d'aria il più possibile giù, nella pancia, e lasciarla uscire con un po' di suono, un piccolo sospiro, usando sempre la bocca e non il naso, lasciando la gola bene aperta: prendere un poco d'aria e subito lasciarla uscire, e poi un po' di pausa.

3) Movimenti piccoli Piccoli movimenti delle spalle in tutte le direzioni, morbidi, come a sciogliere un po' di ruggine, a cercare piccolo sollievo. (Manuale Tecniche)

4) Spalle ad alzare e lasciare Alzare le spalle inspirando, portarle più su possibile, verso le orecchie, e lasciarle cadere giù di colpo insieme all'aria che esce. (Manuale Tecniche)

5) Spalle indietro e lasciare Portare le spalle verso dietro il più possibile inspirando, e lasciarle poi ricadere a posto insieme all'espirazione. (Manuale Tecniche)

6) Rotazioni spalle Una spalla per volta portarla indietro facendo una rotazione, come a far cadere verso dietro

uno zainetto pesante, con un bel sospiro. (Manuale Tecniche)

7) Ruotare sui piedi fermi con il corpo, portando tutto il peso intorno sulla pianta del piede: punte, lato destro, talloni, lato sinistro e via di seguito

8) Ruotare con il bacino come a disegnare un cerchio nell'aria, come a fare l'hula-hoop, tenendo tutto il corpo fermo tranne il ruotare del bacino, ampliando bene il movimento; avanti, di lato, dietro, altro lato e via di seguito

9) Muovere il bacino di lato, muovendo solo quello, alternando un fianco su e poi l'altro

10) Respiro e bacino Muovere il bacino portandolo verso dietro prendendo il respiro e lasciandolo andare bene verso avanti lasciando uscire l'aria. (Manuale Tecniche)

11) Alternare tutto il peso del corpo su un piede e poi sull'altro, alzandosi sulla punta

12) Salire sulle punte dei piedi inspirando e discendere sempre sulle punte espirando, stando diritte

13) Gambe e piedi a buttare via In piedi, dare calci verso il centro del cerchio delle partecipanti, tutte insieme, una gamba per volta, con forza e suono forte. (Manuale Tecniche)

14) Dritte in piedi, alzare una gamba piegando il ginocchio in avanti inspirando e portarla in fuori sempre col ginocchio piegato espirando; alternando e restando sempre ben diritte in avanti.

15) Allargare un po' di più le gambe, prendere il respiro diritte e lasciarlo uscire piegandosi su un ginocchio da un lato, con tutto il peso del corpo; riprenderlo al centro e lasciarlo uscire piegandosi sull'altro ginocchio, alternando e rimanendo bene diritte

16) Dritte, piedi paralleli, portare un piede+ in avanti e piegare il ginocchio in avanti poggiandoci tutto il peso del corpo, finché il muscolo della coscia fa male; allora piegare il ginocchio della gamba che sta dietro, poggiandoci tutto il peso del corpo verso dietro, finché fa male. Alternare un poco e poi cambiare piede, portando avanti quello che prima stava dietro e ripetere l'alternarsi del peso.

17) Camminare in tondo per la stanza sulle punte dei piedi, rimbalzando sulle ginocchia, e poi ancora di più; poi camminare sui talloni, facendo oscillare il bacino di lato, ancheggiando un po' esageratamente.

18) In piedi poggiare un braccio teso contro il muro, stando diritte; slanciare la gamba dal lato opposto verso avanti, 2-3 volte, espirando; poi di lato, poi verso dietro; cambiare mano appoggiata e slanciare l'altra gamba.

19) In piedi, aderire bene al muro con tutta la parte posteriore del corpo, i talloni contro la parete, e poi scendere giù sulle gambe piegate, ginocchia allargate, e restare così accovacciate respirando nella pancia. Quando ci si stanca piegarsi in avanti sulle mani e rialzarsi di lato.

20) Poggiarsi con le mani sulle ginocchia piegate, i piedi ben divaricati, tutto il peso del corpo sulle gambe, la

posizione bene in avanti. Inspirare portando il bacino un po' all'indietro ed espirare portando il bacino bene in avanti

21) Trovare una superficie adatta alla propria altezza, poggiarsi bene con le braccia piegate, lasciando poggiare tutto il peso della persona in avanti, e fare il movimento precedente, portando il più possibile in avanti il bacino col suono. Possiamo aiutare con la mano sull'articolazione lombo-sacrale: premere un po' sulla "conchetta" durante l'inspirazione, e aiutare a portare il bacino in avanti spingendo un po' con la mano sul sacro.

Tecniche da sedute

1) Sedute a terra, gambe incrociate in fuori con i piedi uno contro l'altro, sollevarsi con le mani per sedersi bene in avanti sul perineo e respirare nella pancia.

2) Movimento "a farfalla" con le ginocchia, tenendosi le punte dei piedi tra le mani. Poi oscillare da un lato e dall'altro con tutto il corpo.

3) Piegarsi all'indietro sostenendosi sui gomiti piegati a terra e respirare nella pancia, con il sacro ben poggiato a terra; poi aggiungerci il movimento del bacino, verso dietro inspirando e verso avanti espirando. Il coccige che ruota a terra muovendo il bacino, aiuta a sentire meglio il movimento.

Tecniche da sdraiate

1) Sdraiate a terra con le ginocchia piegate, i piedi paralleli un po' più vicini tra loro delle ginocchia, la schiena ben piatta a terra, la testa un poco all'indietro, le braccia giù lungo il corpo, respirare nella pancia; poi mettere le mani sulla pancia, ai lati, e sentire il respiro, la pancia che si fa morbida, il bambino dove sta, possiamo andarcelo a cercare con le mani, sentirlo, comunicare con lui.

2) In questa posizione possiamo suggerire una piccola immagine guidata, es.: stare ben poggiate sdraiate su un prato morbido e asciutto ai margini di un boschetto, sentendo odori, suoni e tutti i particolari che possiamo vedere; o sul bagnasciuga di una spiaggia di sabbia tiepida e morbida, sentendo il suono del mare che è uguale all'onda del respiro che attraversa il corpo (sempre sentendo odori, suoni, particolari da vedere).

3) Dondolarsi dx-sx Sdraiate sulla schiena, prendersi le ginocchia con le mani, con le ginocchia allargate, e

respirare nella pancia; poi oscillare con tutto il corpo da un lato e dall'altro, rotolando sulla schiena, dandosi una piccola spinta col gomito per aiutarsi a rotolare dall'altro lato, come un automassaggio. (Manuale Tecniche)

4) Respirazione a medusa Sdraiate sulla schiena, prendere il respiro tenendo con le mani le ginocchia unite davanti e lasciare uscire il respiro portandosi le ginocchia in fuori e verso le spalle, facendo un cerchio come a remare. (Manuale Tecniche)

5) Sdraiate supine, sollevare il bacino verso l'alto mettendosi sulle punte dei piedi, aiutandosi con le mani per tirare i piedi sotto di sé, le ginocchia allargate, restando in equilibrio comode e respirando nella pancia.

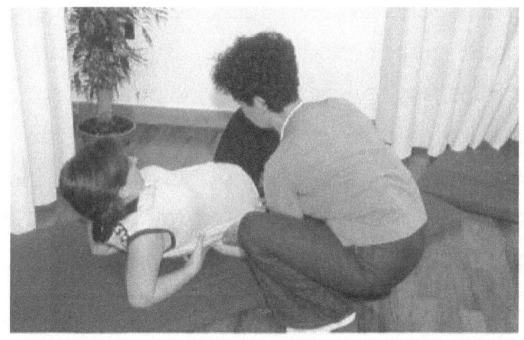

6) Piegate carponi con le ginocchia ben aperte prendere il respiro in avanti e lasciarlo uscire portandosi verso dietro sui talloni.

7) Ginocchioni: respiro a leone Piegate carponi prendere il respiro con la schiena diritta e lasciarlo uscire inarcando

il dorso e portando il bacino verso avanti. (Manuale Tecniche)

8) Sdraiate sulla schiena alzare le gambe contro la parete, standovi bene aderenti con natiche e cosce, come "sedute" sulla parete, le piante dei piedi contro il soffitto, le gambe ben tese e respirare nella pancia.

9) Per la fase espulsiva: Supine, tenere con le mani le gambe piegate sotto le ginocchia, prendere il respiro bene nella pancia e poi venire su con la testa, allargando le ginocchia e lasciando uscire l'aria; poi senza cambiare posizione riprendere il respiro e lasciarlo uscire, e quindi tornare a poggiare giù la testa e riposarsi. Qualche volta provare a trattenere l'aria e spingere verso il perineo.

10) Durante le contrazioni espulsive in sala parto l'aria viene trattenuta nella pancia per usarla come massa per spingere giù, perciò si alza la testa per chiudere la gola e non fare uscire l'aria; 2 atti respiratori senza cambiare posizione per sfruttare tutto il tempo di durata della contrazione senza scomporsi; è utile se qualcuno sorregge la testa per non far stancare il collo. Finita la contrazione ci si poggia e ci si riposa fino alla successiva. Fare esercitare e spiegare bene, con calma.

Tecniche a sostegno di determinate Esperienze di Base (EBS)

Questo gruppo di Tecniche viene aggiunto alle Tecniche più utilizzate nell'intervento con le gestanti, e sopra descritte, per recuperare e sostenere determinate Esperienze di Base (EBS) che si sono rivelate importanti per le donne in gravidanza e per le future mamme.

Sono tutte contenute nel Manuale delle Tecniche Funzionali di Rispoli, e sono state qui di seguito suddivise in relazione alle differenti Esperienze di Base (EBS) a cui esse conducono.

Naturalmente non vanno utilizzate tutte in un solo corso per gestanti, ma possono essere di grande aiuto laddove si renda necessario consolidare e rafforzare alcune (o una gran parte) delle Esperienze di Base (EBS) importanti in gravidanza.

EBS Tenuti
Gambe in braccio
Tenere le gambe del paziente (o dell'altro) nelle proprie braccia, cullandole dolcemente come fossero un bambino piccolo piccolo.

Schiena accucciata
A coppie. Uno si stende sul fianco, l'altro si siede dietro e, dopo un istante, poggia una mano sulla schiena. Prima un contatto tranquillo ma intenso, pieno con un po' di forza; poi la mano si muove lentamente ad avvolgere tutta la schiena. Infine la schiena viene presa con due mani, con pienezza e intensità.

<<Sentiamo che la schiena, anche se è forte, anche se di grandi dimensioni, in fondo è piccola piccola e bisognosa di protezione. In fondo è fragile fragile. Perciò la possiamo prendere tutta.>>

Ci si stende a fianco raccogliendo la schiena nella propria pancia. Facendo sentire calore e protezione. L'altro si sente piccolino, tenuto, contenuto.

Dopo un po' si suggerisce al piccolo di aggiustarsi per sentirsi ancora meglio, per accucciarsi meglio. Un movimento per aggiustarsi è fondamentale.

Testa accucciata in grembo

La persona è sdraiata supina. Il terapeuta su di un fianco dietro la sua testa. All'inizio c'è solo un contatto con le mani. Poi il terapeuta si accosta in modo che la sommità della testa sia contenuta nella pancia. Posizione morbida e protettiva, con piccoli tocchi tranquilli a "sistemare" il corpo del paziente. Con voce morbida l'adulto parla all'altro come a un bambino piccolo. Il piccolino si aggiusta in modo da sentirsi bene accucciato ma non oppresso. Sentire la tranquillità diffondersi dalla testa in tutto il corpo.

EBS Contatto

Appoggiarsi in gruppo

<<Camminiamo per la stanza lasciandoci andare al movimento. Continuiamo ora a camminare, andando in varie direzioni, senza più preoccuparci di niente. Cominciamo a sentire la stanchezza. La stanchezza di tutta la nostra vita. Rallentiamo. Abbiamo tanta voglia di appoggiarci. Sentiamo il peso.

Camminando, sfioriamo con la spalla un'altra spalla. Ci soffermiamo e ci appoggiamo leggermente, appena leggermente. Abbiamo il diritto di appoggiarci un poco nella nostra vita.

Poi continuiamo ad andare, respirando, con un suono leggero. Troviamo un'altra spalla e ci soffermiamo un poco di più. Lasciamo un poco del nostro peso, almeno un poco. Ci appoggiamo dolcemente. Poi ci stacchiamo, andiamo, e troviamo ancora un altro appoggio.

Sperimentiamo altri modi di appoggiarci. Sempre dolcemente, senza buttare sull'altro il nostro peso. Abbiamo il diritto di appoggiarci un poco nella nostra vita: teniamo sempre, facciamo sempre sforzi, ci occupiamo sempre di mille cose! Una volta tanto possiamo appoggiarci.

Appoggiamo anche la testa. Morbidamente. Lasciamo una parte del nostro peso: non c'è nessun problema. Possiamo appoggiarci a due, a gruppetti. Aggiustiamoci meglio. Spostamenti morbidi e lenti

Appoggiamoci ancora di più. A poco a poco andiamo verso il centro della stanza: ci sono più possibilità di appoggio. Appoggiamoci agli altri, senza pensieri. Movimenti morbidi. Ci aggiustiamo ancora meglio. Lasciamo peso e pensieri. Poi ci lasciamo dolcemente scivolare a terra, lentamente.>>

Comunicare senza parole

Tutti seduti. Un partecipante per volta si alza e si mette seduto al centro del gruppo con gli occhi chiusi. A turno, ognuno gli va vicino e gli esprime senza parole una cosa riferita alla sua persona, al suo essere nel gruppo, alle sue caratteristiche, al suo percorso, a quello che deve sviluppare di più nel suo modo di essere, o deve abbandonare. Senza usare le parole, solo con il contatto del proprio corpo: mettendo la persona in una determinata posizione, toccandola in un certo modo, farcendole fare un movimento, e così via.

Contatto: mantenerlo

A coppie, senza usare le parole. Entrare in contatto con l'altro seduto di fronte con le mani. Occhi chiusi, mettersi comodi. Sentire il contatto calmo e tranquillo. Cosa allontana dal contatto. Cosa riavvicina al contatto (il movimento l'immobilità, la posizione comoda o no, i pensieri, ecc.). Continuare a muovere dolcemente le parti in contatto di tanto in tanto. Piccoli movimenti. Sistemarsi meglio. Lasciare le tensioni. Respirare. Mettere più contatto ancora, fino a un abbraccio intenso finale.

Contatto tranquillo di benessere

A coppie, sdraiati a terra fianco a fianco. All'inizio sentire le proprie sensazioni di benessere (anche in relazione al lavoro precedente). Poi contatto morbido, tranquillo, calmo con l'altro. Un contatto che non ha altro scopo che il contatto. Mano-mano, spalla-spalla. Il benessere e le sensazioni passano da una persona all'altra.

Schiena all'indietro in gruppo

Muovere e sentire la propria schiena. Camminare all'indietro lentamente, senza paura, lasciandosi andare. Sentire lo spazio che c'è dietro. Toccare un'altra schiena in modo leggero e sentire l'appoggio, un poco di appoggio. Andare ancora indietro, un poco più velocemente. Incontrare un'altra schiena e sentire il calore: strofinarsi un poco, giocare con le schiene. Di nuovo andare indietro: la schiena si fa spazio con un po' di forza. Toccare un'altra schiena e spingere con un po' di forza. Andare ancora all'indietro esplorando movimenti dolci con la schiena.

Contatto dolce con un'altra schiena. Dolcezza e contatto. E poi a terra schiena-schiena, sentendo il contatto nella schiena.

Schiena schiena

Stesi sul pavimento su di un fianco. Mettersi in contatto con un'altra schiena. Contatto, piccoli movimenti, strofinare dolcemente, giocare con un poco di forza, di nuovo leggeri e contatto. Un ultimo momento prima di lasciarsi, quasi un salutare. E poi lentamente staccarsi (Oppure spingere con forza gioiosa fino a staccarsi).

EBS Percepire
Schiena a sentire

A coppie. Uno si stende un po' sulla pancia un po' sul lato, dando la schiena all'altro, che sta dietro senza toccarlo.

<<Cosa sente la nostra schiena? La presenza che sta dietro di noi è una presenza rassicurante? Una persona che sta vicina e ci guarda con affetto? O è distante da noi, non ci guarda, segue solo i suoi pensieri?

Cerchiamo di sentire e non di ragionare. Che ci dice la nostra schiena? Che sensazioni ci trasmette? E' tranquilla, serena, o inquieta? Ha una sensazione di caldo o di freddo? La presenza che sta dietro è una presenza che si vuole prendere cura di noi? O è una presenza pericolosa, ostile? Qualcuno che può colpirci, farci del male?>>

Scoprire l'altro con tocco e movimento

Camminando ad occhi chiusi, sentire le mani, far arrivare energia e sensazioni alle mani. Le mani sono aperte a recepire le sensazioni dall'esterno. Scoprire ad occhi chiusi gli altri, con calma, senza ansia, senza dover dare o ricevere qualcosa di particolare. Con il tocco leggero, non un tocco "curioso", ma un tocco che si apre alle percezioni, che le lascia arrivare: senza altro scopo che sentirle. Le sensazioni del contatto con il corpo dell'altro che arrivano alle proprie mani. <<Ci fermiamo un poco con l'altro per sentire le sensazioni che arrivano. Poi andiamo ancora in giro e ci soffermiamo con un altro. Proviamo a sentire l'altro come è, al di là di quello che sappiamo, al di sotto delle apparenze. Sentiamo l'altro come è veramente, scopriamo l'altro nel profondo. Andiamo ancora in giro, ci fermiamo ancora con un altro per sentire, per scoprire come è veramente. Ci lasciamo scivolare seduti uno di fronte all'altro giù sul pavimento, continuando a sentire l'altro. Un contatto ancora più intenso. C'è un piccolo movimento che inizia, un dondolio che coinvolge entrambi, che prende, cresce. Scopriamo l'altro con tocco e movimento. Respiro, tocco e movimento. Un contatto molto stretto e profondo. Poi piano piano ci prepariamo a staccare. Stacchiamo e lentamente ci stendiamo sul pavimento.>>

EBS Lasciare
Braccia a ricadere
Distesi, alzare le braccia in inspirazione, lentamente, e farle ricadere, lasciandole completamente, in espirazione. Respirazione diaframmatica profonda e voce morbida.

VARIANTE
Se la persona non lascia (non percependolo) aiutare mantenendo il braccio con le mani (del terapeuta) per un po', facendo abbandonare il peso del braccio nelle proprie mani (con leggeri movimenti delle mani a dondolare il

braccio per aiutare il lasciare il peso) e poi far cadere il braccio. Uno alla volta.

Braccia a stirare e lasciare

Portare le mani verso il soffitto stirando le braccia (in inspirazione), bene fino alle punte delle dita; tenerle un attimo così e poi lasciarle crollare a fianco del corpo con l'espirazione.

Gambe a lasciare

Supini, alzare una gamba alla volta, lentamente, con l'inspirazione, e poi con l'espirazione lasciarla ricadere completamente, a corpo morto, senza trattenere e senza spingere, lasciando uscire una voce di sollievo. Sentire la vibrazione. Si può anche piegare il ginocchio quando si alza la gamba, in un movimento che è un po' rotatorio.

VARIANTE

Se la persona non lascia (non percependolo) aiutare mantenendo la gamba con le mani del terapeuta per un po', facendo abbandonare il peso della gamba nelle proprie mani (con leggeri movimenti delle mani per aiutare il lasciare il peso) e poi far cadere la gamba sul lettino. Una alla volta.

Occhi a socchiudere in espirazione

Inspirando, spalancare gli occhi, sentire l'aria sulla superficie. Espirando, lasciare che gli occhi si socchiudano (non si serrino), stanchi, pesanti, in modo dolce e piacevole. Inspirando gli occhi si riaprono ritrovando attenzione e controllo, e poi tornano a socchiudersi dolcemente nell'espirazione.

Sbadigli

Bocca aperta, spalancata. Respirare di pancia con una voce morbida (per non trattenere), sino a procurare gli sbadigli che devono essere con una leggera sonorità.

EBS Allentare il controllo

Automassaggio, collo testa, schiena, bacino, gambe

Strofinare morbidamente nuca, collo, testa sul materasso, stando stesi supini, con respiro e una voce leggera di espressione di piacere. Automassaggiarsi come a sciogliere ruggini, durezze, immobilità.

Strofinare dolcemente la schiena sul materasso, sentendo sensazioni piacevoli e calore, strofinarsi muovendosi in tutte le direzioni. Strofinare la parte alta e la parte bassa.

Strofinare la bassa schiena e i glutei sul materasso, fino a riscaldare e a intensificare le sensazioni.

Supini, strofinare le gambe sul materasso (prevalentemente con movimenti orizzontali per non alzare le ginocchia), sciogliendole, scaldandole, facendo aumentare le sensazioni.

Fili d'erba

Camminare respirando nello spazio, senza direzione, senza alcuno scopo, con la testa che ondeggia morbidamente, lo sguardo vago non centrato. <<Siamo leggeri leggeri, siamo piccoli sottili fili d'erba che vengono portati dal vento. Piccole folate e i piccoli fili d'erba vanno vanno senza preoccupazione, senza paura. Una folata e via. Un piccolo vortice d'aria e il piccolo filo d'erba fa una leggera giravolta su se stesso. Folate e via. Respiro e vento. Poi piano piano, morbidamente. Ci fermiamo>>.

Girare perdersi

Camminare lasciando e allentando il più possibile. La testa se ne va un po' indietro. Girare dolcemente. Andare in varie direzioni e anche un po' all'indietro. Perdersi.

Testa dx-sx lentamente

Ruotare la testa lasciandola cadere, da una parte e dall'altra, con voce cantilenante, ritmicamente, senza forzarla. All'inizio siamo noi a muovere la testa, ma poi la testa se ne va da sola. Se ne parte, e con il movimento se ne partono anche i pensieri.

EBS Sensazioni
Parte stanca e parte piacevole

Sdraiati ad occhi chiusi. Entrare in contatto con le sensazioni del proprio corpo. Sentire qual è la parte stanca. Andarci vicino e stare un poco là, nella parte stanca. Che sensazioni si provano? Qual è il sentimento verso questa parte stanca, dolente? Poi sentire la parte piacevole. Andarci vicino e stare anche là, dentro questa parte. Starci in contatto. E vedere quali sono ora le sensazioni e quali i sentimenti verso quest'altra parte. Poi, dopo un ultimo contatto, salutare tutte e due le parti e allontanarsene.

EBS Tenerezza
Mani: darsi tenerezza

<<Camminando per la stanza, sentire le mani. Mani allargate. Spaziare. Stirarsi. Far scendere le sensazioni nelle mani. Sbatacchiamo un poco le mani. Occhi chiusi, scopriamo le sensazioni delle nostre mani. Poi le mani si toccano l'un l'altra. Prima la destra scopre la sinistra e la tiene dentro di sé. Poi viceversa è la sinistra che tiene dentro

di sé l'altra mano. Le mani si danno tenerezza. E poi danno un po' di tenerezza a noi stessi toccando il nostro corpo con calma e affetto. Abbiamo bisogno di un po' di tenerezza. Almeno una volta nella nostra vita ci diamo un poco di tenerezza. Ne abbiamo diritto. Siamo stanchi, ci mettiamo giù per terra, ci stendiamo, mentre le nostre mani ci danno tenerezza. Poi le lasciamo andare completamente.>>

Morbidezza

Stesi, muovere lentamente, come a sciogliere dalla ruggine, come stiracchiandosi leggermente: collo, testa (specie ruotandola all'indietro), spalle, schiena, bacino, gambe, con un leggero lamento nella voce.

Ricordo di tenerezza

Ricordo di un contatto con le mani da piccoli

Stesi, ad occhi chiusi, immaginare di scivolare indietro, in direzione della testa. Andare indietro nel tempo. Passano immagini della propria vita a dx e a sx, come dai finestrini di un treno, a dx e a sx. Andare indietro, fino all'infanzia. A un momento di un contatto buono, importante, piacevole con le mani quando si era piccoli. Dove si è, in quale posto. Ricordare le proprie mani, cosa toccano, chi. Gli odori e i profumi. Ricostruirlo nei dettagli e soprattutto nelle sensazioni tattili alle mani.

Ricordo propria voce da bambini

Riandare indietro nel tempo ad un momento della propria voce da bambino che dice una cosa importante. Ricostruire i dettagli e tutta la scena. Notare come è quella voce, la sonorità, il timbro. Ricordare qualche parola. Se non si ricorda bene si possono ricostruire i dettagli, creandoli.

Tenerezza in gruppo

<<Facciamo un profondo sospiro e lasciamoci portare dal nostro respiro in giro per la stanza. Abbandoniamo i nostri pensieri, le nostre fatiche, le nostre preoccupazioni. Ora possiamo lasciare spazio al nostro respiro, alle sensazioni portate dal respiro. A poco a poco rallentiamo i nostri passi; rallentiamo e ci fermiamo in un punto della stanza, Ora siamo fermi, tranquilli, in contatto con noi stessi. Nel silenzio sentiamo le nostre sensazioni, stiamo un poco in contatto con noi stessi.

VARIANTE GESTANTI DELLA PARTE INIZIALE

<<Sentiamo il respiro. Sentiamo l'aria che entra e riempie la nostra pancia e sentiamo quando l'aria esce, e per un attimo la nostra pancia è calma e ferma. Le mani toccano la pancia sentendo tenerezza. Ascoltiamoci, sentiamo il bisogno che abbiamo di tenerezza e di morbidezza per questa nostra pancia, per questa vita che è dentro di noi. Le nostre mani danno tenerezza, toccano, accarezzano la pancia. Ci abbracciano teneramente...

Toccarsi la parte che ha bisogno

A terra. Respirare. Toccare e dare sollievo alla parte del corpo che ha più bisogno.

EBS Benessere

Brividi in espirazione

Supini sul lettino. Lasciare partire dei brividini verso il basso ogni volta che si espira, aiutandosi con piccoli movimenti che partono da dietro la nuca e dietro le scapole, per poi diventare brividi.

Brividi verso il basso

In piedi, piccoli movimenti tra le scapole e all'attaccatura del collo, a provocare un brivido, un fremito, che scende fino ai piedi. Aiutare il brivido con un movimento rapido e con la voce, nonché immaginando di stare sotto una doccia gelata che scende per la schiena.

EBS Consistenza

Parti del corpo che ci piacciono

Parlare delle parti del corpo che piacciono (anche solo due): sia vedendole da fuori ma anche vedendole e sentendole da dentro. Parti di cui si va fieri, che farebbe piacere mostrare agli altri. Poi citare una parte che non ci piace, che non vorremmo mostrare, che vorremmo cambiare. E infine si ritorna alle parti di cui si va fieri.

Voce vibrante

Far uscire una voce diaframmatica vibrante. Sentire la vibrazione nel torace.

Immaginazioni guidate

Questo gruppo di Tecniche è stato situato in una sezione a parte, non perché non siano anch'esse collegate a determinate EBS ma perché è più utile averle sotto lo sguardo tutte insieme, in modo da poter scegliere più facilmente quelle che si vogliono utilizzare in alcuni incontri del corso.

Immaginare barchetta, lago

<<Immaginiamo un lago di montagna dalle acque calme, immerso nella luce morbida del pomeriggio. Le montagne e i boschi che lo circondano si riflettono nelle sue acque. I

colori sono teneri, pastello. Il cielo azzurro azzurro, piccole nuvolette bianche che galleggiano. Il verde dei boschi, degli abeti. Possiamo sentire il rumore leggero delle piccole onde dolci sulla riva; il verso di uccelli acquatici che abitano un'isoletta di canne e cespugli poco lontano. Nell'aria l'odore del lago, delle piante lacustri, dei boschi. Sulla riva c'è una piccola barca dal fondo piatto; saliamo e ci accomodiamo semisdraiati, sistemandoci bene, con la testa e la schiena bene appoggiate, su morbidi cuscini, comodi comodi, in modo da vedere tranquillamente il paesaggio del lago intorno a noi. La barca si stacca dalla riva e viene portata dolcemente dalle piccole onde morbide. Ondeggiando se ne va pigramente nel lago; possiamo osservare con calma i canneti della vicina isoletta dove hanno il nido gli uccelli, le piante acquatiche, gli uccelli. La barca ondeggia dolcemente e ci porta; una volta tanto non dobbiamo fare proprio nulla, se non lasciarci portare e goderci il paesaggio, i colori, i suoni, gli odori del lago. La giornata è calda e luminosa. Il lago si è trasformato in un fiume largo e lento. Sulla riva ci sono cavalli che pascolano; ci sono fattorie; ci sono donne che lavano i panni al fiume, bambini che giocano. Ci sono campi coltivati, ci sono greggi di pecore, dei cani che corrono festosi. La giornata è luminosa, i colori intensi. Una grande calma. I paesaggi scorrono lenti.

Immaginare corpo piccolo su corpo grande

<<Respiriamo. Ad ogni respiro il nostro corpo diviene un poco più piccolo. Noi ci rimpiccioliamo sempre di più, sempre di più. Fino alla dimensione di poter entrare in una mano. Immaginiamo questo nostro corpo piccolo piccolo vicino al nostro corpo disteso grande grande. Saliamo sul

corpo grande, noi piccoli piccoli e ci mettiamo sulla sua pancia. Ci accoccoliamo sulla pancia, sentendo il respiro che la solleva e l'abbassa lentamente. Come stiamo sulla pancia del corpo grande grande? Che emozioni ci arrivano? Stiamo un poco su questa pancia morbida, senza dover fare niente altro che starcene, e sentire le nostre sensazioni. Poi ci spostiamo e ce ne andiamo, noi corpo piccolo piccolo, sul torace del corpo grande grande. Ci sistemiamo anche là vicino al cuore, ci sdraiamo a sentire il contatto, il battito del cuore, la vita di questo corpo grande grande. Come è stare là? E' differente dallo stare sulla pancia? Stiamo in contatto con le nostre sensazioni. Ma anche con le nostre emozioni di corpo piccolo piccolo sul corpo grande grande. Respiriamo per non tagliare via le sensazioni, e stiamo un altro poco in contatto. Poi, lentamente, con calma, ci stacchiamo nuovamente e ci spostiamo ancora più su sino ad arrivare e sistemarci sul collo, sulla gola. Accucciamoci, piccoli piccoli sulla gola del corpo grande grande, dove possiamo sentire l'aria passare nel respiro. Acciambelliamoci sulla gola, ci mettiamo comodi comodi, senza pesare sulla gola. Sentiamo com'è adesso stare lì, in questo posto diverso dagli altri due. Come stiamo noi, piccoli piccoli, sulla gola di questo corpo grande grande? Che sensazioni abbiamo? Quali emozioni? Stiamo ancora un poco in contatto prima di lasciare definitivamente il corpo grande. Ancora un poco. Poi, dolcemente, dopo ci muoviamo e ci prepariamo a lasciare il corpo grande. Ci lasciamo scivolare giù lungo il collo e la gola sino a terra; e una volta a terra, ci sdraiamo affianco al corpo grande grande, fianco a fianco. Noi, piccoli piccoli, spalla a spalla al corpo grande grande. Che sentiamo per questo corpo grande grande? Come ci sentiamo lì spalla a spalla, fianco a fianco? Poi, un sospiro profondo profondo, ritorniamo grandi.>>

Immaginare di sprofondare nel prato

<<Immaginiamo di essere sdraiati su di un prato verde di montagna, in una bella giornata di primavera. Un prato asciutto asciutto, tagliato corto, morbido. Sopra di noi il cielo azzurro azzurro, con nuvolette bianche che galleggiano. Lontano, altre montagne che si perdono nelle nebbie. Più in là un boschetto di abeti. Non c'è nessun pericolo, possiamo lasciare, lasciare, lasciare.

Possiamo sentire sotto di noi, sotto le nostre mani il contatto con l'erba. Possiamo vedere i colori. Il colore dell'erba, i fiori nel prato, il colore degli alberi. Anche i suoni arrivano: le cicale, il canto di uccelli sugli alberi, l'abbaiare lontano di un cane.

E gli odori. Il profumo dell'erba sotto di noi, dei fiori nel prato, il profumo del bosco, il profumo di resina, il profumo di montagna, di legna che brucia in un camino.

A poco a poco lasciamo completamente. Una volta tanto non dobbiamo fare nient'altro che lasciare. Lasciamo il nostro peso sul prato; a ogni respiro diveniamo più pesanti e sprofondiamo un poco di più. Il terreno è morbido e asciutto, e cede sotto il nostro peso. Si crea la forma del nostro corpo, che sprofonda sempre un poco di più, con calma e tranquillità. Non c'è alcun pericolo. Il corpo sprofonda dolcemente nella penombra. Una grande calma, una grande tranquillità. Ce ne stiamo lì, protetti protetti, tranquilli tranquilli. C'è tranquillità e protezione. Restiamo ancora un poco così, un poco con noi stessi. C'è penombra. C'è pace, c'è calma. Restiamo dentro dentro; ancora un poco prima di riemergere. Poi, lentamente, ridiventiamo leggeri, il terreno scivola via di lato. Ad ogni respiro veniamo più su, sino a riemergere alla luce, con tutto il corpo di nuovo fuori. Di nuovo stesi sul prato verde e asciutto, il cielo azzurro azzurro sopra di noi, il sole tiepido che ci riscalda. Poi, un sospiro profondo, e siamo di nuovo qui stesi sul lettino. >>

Immaginare lago colline calma

Immaginare di stare sui bordi di un lago di montagna. La luce è quella morbida del pomeriggio. I colori sono pastello, riposanti, dolci. Nel lago si rispecchiano le colline circostanti e il verde degli alberi. Le acque sono immobili e non c'è vento. C'è una grande pace, una grande calma. Lo sguardo si perde all'orizzonte, dove altre colline e altre montagne si vedono in lontananza, ammorbidite da una leggera foschia che rende tutto più morbido e calmo. E la calma entra dentro.

Immaginare onda del respiro

Immaginare l'onda del respiro come l'onda del mare sulla spiaggia. L'onda si ritira verso il mare come il respiro si ritira verso la pancia in inspirazione. Poi si allunga sulla sabbia, sul bagnasciuga, come il respiro si allunga nel corpo, verso braccia e mani, verso gambe e piedi nell'espirazione.

Immaginare tappeto luminoso

<<Respirando immaginiamo un punto luminoso sotto di noi, che pulsa con il respiro. Il punto luminoso ad ogni respiro si allarga, al di sotto del nostro corpo sdraiato. Siamo stesi su un tappeto di luce, un tappeto di energia. Il tappeto di energia ci sostiene, e poi lentamente ci spinge da sotto. Ci sostiene e ci solleva leggermente in aria. Dondolando

lievemente il tappeto ci spinge dal basso verso l'alto, ci solleva, ci fa andare verso l'alto, come quando da piccoli venivamo presi dalla culla, dal lettino, e portati verso la persona cara. Siamo su un tappeto di energia che ci solleva e ci porta in alto facendoci galleggiare in aria. In alto nel cielo azzurro azzurro tra piccole nuvolette bianche. Non c'è pericolo. Tutto il nostro peso è completamente sostenuto dalla energia. Restiamo in aria, a galleggiare senza peso per un po'. In alto in alto, non c'è pericolo. Poi, lentamente, il tappeto di energia ci riporta verso il basso, dolcemente più giù. Fino a posarci di nuovo delicatamente sul suolo. Siamo di nuovo qui, stesi sul suolo. Sentiamo di nuovo il nostro peso, il nostro corpo. Muoviamoci lentamente, stiracchiandoci e sbadigliando.>>

IL MASSAGGIO FUNZIONALE IN GRAVIDANZA

di Paola Bovo

Nella donna in gravidanza si ha un aumento di tensione nelle zone: nuca, collo, spalle, gambe, schiena e zona lombo-sacrale.

La tensione della zona collo-spalle è accentuata in gravidanza dal movimento che l'utero compie verso l'alto, intensificando ancora di più una tendenza a portare il respiro verso l'alto (e il diaframma verso l'alto). Caratteristica tipica della tensione marcata di questa parte del corpo è il torpore o formicolio frequente di mani e braccia, specie di notte, da distese, che scompare portando in alto le braccia stesse, al di sopra della testa.

Il nuovo assetto che assume la postura in gravidanza è dovuto ad una tendenza automatica a portare il peso del corpo all'indietro, per bilanciare l'aumento di peso anteriore dovuto alla pancia, quando le donne hanno già una postura non corretta spostata all'indietro, con il peso che poggia sui talloni, e con il bacino ritratto anch'esso all'indietro. In realtà una compensazione del peso anteriore con una postura inizialmente corretta si ottiene con una lieve flessione delle ginocchia, una lieve rotazione del bacino in avanti e una maggiore tenuta degli avampiedi (più che dei talloni). L'assetto non corretto, con il peso che grava interamente sulla zona lombare, provoca dolori lombo-sacrali e sciatica.

L'assetto non corretto (poco stabile) e la paura di scivolare e cadere e quindi di danneggiare il bambino, provocano inoltre tensione e crampi nelle gambe (per avere sollievo dai crampi si deve portare la punta del piede con forza verso di sé, alzandola).

In gravidanza il massaggio svolge per la donna due importanti funzioni: la prima è quella di sciogliere e alleviare le tensioni muscolari, la seconda è di assecondare un po' quella tendenza regressiva che fa sentire alla donna un intenso bisogno di coccole e accudimento.

Massaggio collo spalle.

La donna è seduta con le gambe incrociate, eretta, in modo che il peso del corpo sia tutto sul perineo.

1) Dal centro dell'occipite verso l'esterno piccoli movimenti circolari con i polpastrelli lungo l'attaccatura dei muscoli all'osso cranico.

2) Scendere sul collo massaggiando i muscoli lungo i lati delle vertebre.

3) Massaggiare il triangolo tra la base del collo e l'attaccatura delle scapole.

4) Scendere lungo le braccia comprimendo con le mani, come a spremerne il contenuto.

Massaggio schiena.

La donna è seduta in modo che il peso del corpo sia tutto sul perineo o è distesa su di un fianco, con le ginocchia ripiegate verso la pancia, per distendere bene la zona lombare della colonna vertebrale.

È utile sottolineare che il dolore alla schiena durante la gravidanza è causato da un'errata postura che porta la donna ad arcuarsi all'indietro per compensare il peso della pancia. Questo comporta squilibrio nella postura e uno schiacciamento delle vertebre che vanno a comprimere il nervo sciatico.

Una postura equilibrata è invece data dalla leggera flessione di ginocchia e bacino, spostando il peso del corpo sulla parte anteriore del piede.

1) Cominciando dall'altezza del reggiseno massaggiare con movimenti circolari dei pollici la zona paravertebrale scendendo verso il basso.

2) Massaggio della zona lombo-sacrale estendendosi verso i lati e verso il coccige.

Massaggio gamba/piede

Massaggio in direzione dall'anca al piede, prima delle fasce muscolari esterne e poi della parte interna della gamba.

Massaggio del tendine di Achille, poi del margine esterno del piede, poi dell'avanpiede, infine delle dita, dall'alluce al mignolo, come a far uscire qualcosa dalla punta del dito.

Per un altro tipo di massaggio è necessaria una pallina da tennis, con la quale la gestante esegue un auto-massaggio.

In piedi, lavorando con una gamba per volta, la gestante poggia tutto il peso del corpo sulla pallina spingendo con forza ed eseguendo un massaggio intenso:

- prima sotto l'attaccatura delle dita del piede, dall'alluce al mignolo.

- quindi lungo tutto l'arco del piede tra la parte anteriore e il tallone.

- poi sotto il tallone

- infine fa rullare interamente il piede sulla pallina con forza, dalla punta al tallone.

PROTOCOLLO PER LA CONDUZIONE DEL CORSO BENESSERE IN GRAVIDANZA CON LA METODOLOGIA FUNZIONALE (MFG)

di Paola Bovo, Luciano Rispoli

Un corso di Benessere in Gravidanza e preparazione al parto, secondo il modello del Neo-Funzionalismo, è organizzato come un gruppo aperto, quindi ad esso possono partecipare donne di diverse epoche gestazionali.

Questo dato va sempre tenuto presente nel seguire lo schema di suddivisione degli incontri (che di seguito proponiamo), infatti ci sono alcune tecniche che vanno ripetute ad ogni incontro, indipendentemente dalla fase in cui ci si trova la gestante.

Questo modo di proseguire permette l'integrazione delle gestanti arrivate successivamente. In qualsiasi momento, l'ordine dei moduli può essere modificato nei casi in cui ci siano gestanti che iniziano il corso in periodo gestazionale più avanzato; queste eventuali modifiche nell'ordine di successione dei moduli non compromette il raggiungimento degli obiettivi del corso.

È possibile partecipare agli incontri a partire dal quarto mese (13° settimana di gestazione) fino al termine della gravidanza.

Il corso prevede la partecipazione ad almeno un ciclo completo di 16 incontri suddivisi in 4 moduli di 4 incontri ciascuno. Il ciclo si può ripetere fino al termine della gravidanza.

Ogni incontro è costituito di tre momenti:

- Il primo momento prevede l'utilizzo delle tecniche che si eseguono da ferme o in giro per la stanza da eseguire in piedi.

- Il momento centrale, in cui si eseguono le tecniche da sedute (sono tre e si eseguono sempre ad ogni incontro) e /o i massaggi.

  Questo è anche il momento della condivisione, si danno informazioni e consigli, inoltre, ogni gestante può condividere con le altre incertezze, timori, piccoli disturbi legati alla gravidanza. Questo spazio si gestisce in modo strutturato, oltre al tema di base del modulo, si possono preparare per ogni incontro argomenti specifici, in base anche alla presenza o meno dei papà.

- L'ultimo momento dell'incontro è dedicato alle tecniche che si svolgono distese, anche qui ci sono tecniche da proporre ad ogni incontro e poi si può scegliere di proporre una piccola immaginazione guidata.

- In ogni modulo di 4 incontri è previsto un incontro con i papà.

MODULO 1 *Il bambino sognato e immaginato*

Come sarà il nostro bambino, la nostra bambina? Che desideri ci sono? Che aspettative? Che emozioni nell'attesa?

Il lavoro sul respiro (incentrato sempre sul ripristino di una corretta respirazione diaframmatica) è soprattutto su un respiro calmo e profondo che ci mette in contatto con i desideri, le aspettative, e anche qualche sogno che abbiamo fatto sul nostro bambino, sulla nostra bambina.

Il tema di fondo da trattare anche nell'incontro con i papà riguarderà l'emozione dell'attesa, immaginare il bambino e la gioia di averlo insieme al nostro compagno.

Il lavoro sulle tensioni sarà sulle gambe e braccia, a dare benessere, gioiosità, anche con dei movimenti adatti.

Le EBS su cui si lavorerà maggiormente saranno: *Lasciare, Allentare il controllo, Contatto, Tenerezza*

In questo modulo, proporremo soprattutto immaginazioni quali *Immaginare onda del respiro* e *Immaginare di sprofondare nel prato*

MODULO 2   *Sentiamo il bambino dentro ma sentiamo anche le bambine che siamo noi stesse*

Accogliamo e sentiamo il bambino dentro di noi.

Ma sentiamo anche il bambino che eravamo noi, la nostra parte piccola; sentiamo di poter recuperare la parte tenera, sperimentare l'essere tenuti, sentire la voglia di affidarsi, stare accucciate, essere accudite e aprire le emozioni ad esse legate.

Concediamoci di poter essere noi stesse un po' bambine, ad esempio accuditi dal partner, accontentate nelle voglie che insorgono e che devono essere soddisfatte.

Guardiamo al cambiamento di ruolo che ci sarà tra l'essere figli ed essere genitori: concediamoci ancora di essere piccole e dopo potremo meglio accogliere e accudire i propri piccoli, sentendo di trasmettere vita ad un essere che si forma dentro, e di avere abbastanza per poi poter dare.

In questo modulo da distese inviteremo la futura mamma a concentrarsi sul respiro e ad ascoltare la pancia: "sentiamo i movimenti del bambino, della bambina... cerchiamolo, cerchiamola con le mani... posiamo le nostre mani sulla pancia, nel punto in cui lo sentiamo, la sentiamo.

Sentiamo le sensazioni, il respiro è calmo, profondo e ci aiuta a metterci in contatto con il nostro piccolino, la nostra piccolina...".

Il lavoro sulle tensioni si concentra sulla schiena (essere accolte e sostenute).

Nell'incontro con i papà si insegnerà il massaggio collo spalle

Le EBS su cui si lavorerà maggiormente saranno: *Percepire, Tenuti, Tenerezza.*

In questo modulo, proporremo soprattutto immaginazioni quali: *Immaginare corpo piccolo su corpo grande*

MODULO 3 *Le preoccupazioni, le paure. Andare verso un'esperienza nuova e non conosciuta*

Il tema di fondo riguarda le negatività legate al periodo gestazionale: il proprio corpo che si trasforma, le reazioni del partner e dell'ambiente, il futuro cambiamento di vita e a livello professionale. Le emozioni legate a questi cambiamenti, la possibilità di esprimerle e condividerle.

Il tema riguarda, dunque, le paure che possono presentarsi durante tutto il periodo di gestazione. Le paure rispetto al bambino, alla capacità di gestirlo; le paure rispetto al momento del travaglio e del parto.

Il lavoro sul respiro consiste nell'unire il respiro ai movimenti volti a portare verso il basso, movimenti non solo delle spalle ma anche delle gambe, tutto volto a contrastare la tendenza a portare il respiro (e il diaframma) verso l'alto (paure e preoccupazioni). Il lavoro sul respiro è volto (sempre favorendo la respirazione diaframmatica profonda) a dare tranquillità, a sciogliere le preoccupazioni e le paure.

Il lavoro sulle tensioni si concentra sulla zona delle spalle, del collo, delle braccia (per diminuire controllo e preoccupazioni). .

Nell'incontro con i papà si insegna la modalità e gli esercizi con cui aiutare la gestante durante il travaglio.

Il respiro insieme ai movimenti di pelvi e bacino per portare verso il basso e mobilizzare il bacino.

I movimenti del bacino allentano la tensione a livello pelvico, diminuiscono i fastidi e il dolore sia in questa zona che a livello lombare.

La gestante riceverà rassicurazione dalle sensazioni reali e concrete che prova, rispetto alle fantasie. E si tenderà ad aumentare il suo nucleo di sicurezza.

Le EBS su cui si lavorerà maggiormente saranno: *Sensazioni, Tenuti, Consistenza*

In questo modulo, proporremo soprattutto immaginazioni *Immaginare barchetta, lago* e *Immaginare lago colline calma*

MODULO 4 *Le fatiche e le gioie della gravidanza*

Il lavoro sulle tensioni mira a sciogliere tutti i distretti maggiormente sentiti come contratti e doloranti, il respiro e i movimenti, nonché i massaggi, oltre a sciogliere le tensioni rendono anche più consapevoli delle tensioni stesse.

Il lavoro sulle tensioni si concentra su gambe e piedi, sia attraverso le tecniche che contribuiscono a migliorare l'assetto che assume la postura in gravidanza, sia con il massaggio gamba/piede da vedere anche con i papà.

Si intensificherà la consistenza della gestante per renderla ancora più sicura nel suo meraviglioso ma anche faticoso percorso.

Le EBS su cui si lavorerà maggiormente saranno: *Lasciare, Benessere, Consistenza*

In questo modulo, proporremo soprattutto immaginazioni come *Immaginare tappeto luminoso*, per dare leggerezza all'affaticamento.

EFFETTI DELLA METODOLOGIA FUNZIONALE IN GRAVIDANZA

di Paola Bovo

Possiamo distinguere gli effetti positivi del lavoro con la metodologia Funzionale in gravidanza nella madre e nel bambino.

Gli effetti positivi sulla madre sono:

- ammorbidimento della parete dell'utero e del collo anche con possibile inizio di dilatazione in prossimità del termine;
- scomparsa di lombalgia e sciatiche e crampi;
- si sciolgono paure e ansie nei confronti di un evento spesso drammatizzato;
- migliorano insonnia, acidità;
- il travaglio dura meno tempo, è meno doloroso ed è vissuto con maggiore consapevolezza e partecipazione;
- il parto si presenta con minore difficoltà e con vissuti di piacevolezza e gioia.

Anche gli effetti sul bambino sono evidenti e positivi.

Il feto resta più tranquillo, usufruendo delle sensazioni piacevoli dovute al massaggio e alla respirazione della madre, è in maggiore contatto con la madre e con i suoi tempi.

Questi benefici perdurano a lungo dopo la nascita: il neonato mangia e dorme ritmicamente e tranquillamente, si adatta bene nel rapporto con la madre, arriva presto ad un buon intervallo notturno.

Tutte le donne su cui questo lavoro ha agito per un tempo sufficiente hanno dato alla luce bambini "buoni," tranquilli, che dormono, piangono poco e che sono, rispetto alla norma, più regolari e trovano presto i ritmi di sonno diurno – notturno, e che avranno potenzialità di benessere più alte della norma.

Tutto ciò oltre ad essere un indice di benessere, rappresenta un aiuto nello stabilirsi della relazione madre-bambino, nel periodo critico iniziale, dall'altra parte le mamme sono più allegre e vitali.

Quello che caratterizza attualmente le modalità d'intervento in gravidanza è l'uso integrato di diverse metodologie, in modo da riuscire a interessare l'intera persona e ottenere effetti che coinvolgono il bambino e la madre aiutandoli sia sul piano dei disturbi fisici, sia su quello delle emozioni e del vissuto, sia sul piano del funzionamento biologico e fisiologico dei due.

Si parla di intervento complesso sulla gravidanza nella sua globalità, cioè una metodologia che si occupi del rapporto madre - bambino sin dall'inizio, che ottimizzi queste relazione e che punti al pieno benessere di entrambi.

Si parla di intervento integrato, ovvero:
-    possibilità di agire sui disturbi tipici della gravidanza sia iniziale che avanzata (nausea, crampi, acidità, mal di schiena, insonnia).
-    facilitare un vissuto di serenità, una sensazione emotiva positiva, lo sciogliersi di paure e fantasie negative della madre (in pieno e sereno contatto con se stessa e con la propria condizione).
-    prevenzione sulla salute del bambino e di effetti evidenti sulle possibili patologie psichiatriche della madre.

Nella pratica clinica è stato riscontrato sia un miglioramento di sintomatologie ansiose, depressive e ossessive in atto, in assenza di somministrazione di farmaci, sia una tendenza a non strutturare disturbi psichici, neanche la depressione post-parto.

Questo tipo di intervento può essere considerato una modalità sia terapeutica che preventiva.

La metodologia Funzionale oltre a recuperare l'integrazione tra le varie Funzioni psicocorporee della persona, tende a ridare mobilità a Funzioni sclerotizzate e compromesse ben individuate, lavorare su ricordi, fantasie, immaginazioni, posture, voce, movimenti, respiro.

Inoltre la Metodologia Funzionale è volta a riaprire alcune EBS quali: Contatto, Essere Tenuti, Tenerezza, Lasciare, Benessere che sono fondamentali nello sviluppo dell'individuo affinché una donna possa ritrovare la capacità di contatto profondo con sé e con il bambino, possa recuperare le sensazioni di benessere e di vitalità proprie della gravidanza, possa ritrovare la piacevolezza del parto al di là del dolore.

Senza una buona capacità di Contatto, per esempio, diventerebbe più difficile per una donna stabilire una buona relazione con il proprio bambino poiché è proprio attraverso il contatto che passa tutto il nutrimento e il calore di cui il piccolo ha bisogno. Allo stesso modo è importante che la madre abbia una buona capacità di Tenere (a sua volta avendo compreso e sperimentato l'Essere Tenuta) il proprio piccolo perché è attraverso questa esperienza che si genera un senso di calma, di tranquillità e di sicurezza.

Anche la Tenerezza deve essere riaperta nella donna verso se stessa e verso il proprio bambino affinchè la fragilità della sua condizione non venga vissuta come qualcosa di pericoloso. Infine il Lasciare e il Benessere sono senza dubbio le Esperienze che, se recuperate, permetteranno alla donna di attraversare il periodo della gravidanza senza tutti quei disturbi che spesso invece la caratterizzano.

La metodologia Funzionale appare, pertanto, un intervento di prevenzione della salute psichica e fisica della madre e del bambino. Sarebbe necessario potenziare e diffondere questo intervento di prevenzione attraverso un'azione di formazione e aggiornamento che coinvolga tutto il personale operante nei luoghi di parto.

Questo permetterebbe alla madre e al bambino di recuperare il senso vitale e naturale di eventi importanti per la formazione della persona futura quali la gestazione e la nascita.

LA DEPRESSIONE POST-PARTO: "UN MITO DA SFATARE"

Dott.ssa Giuliana Mieli

(*per gentile concessione della Franco Angeli Editore*, in "Nascere, le parole per dirlo" a cura di M. Farinet – Franco Angeli Milano 2011)

Non stupisce la recente richiesta della SIGO[1] di ricorrere al TSO[2] per il trattamento delle depressioni post-parto : ciò appare infatti come la naturale conseguenza di un ventennio di forzata medicalizzazione della gravidanza che trova qui ora il suo culmine – anche se non ci stupiremmo di sviluppi ulteriori. Dopo la straordinaria ma breve impennata di intelligenza degli anni '70 che era riuscita a influenzare il generale atteggiamento verso la sofferenza psichica, ha avuto inizio una massiccia e strisciante medicalizzazione della maternità - trasformata da evento di natura in malattia - che recentemente è diventata una vera e propria psichiatrizzazione, sua forma più raffinata e perversa.

Scopo di tutto ciò è il controllo blindato del percorso della gravidanza per proteggerla – questa è la ingenua e sciocca fantasia - da possibili e imprevedibili insuccessi. Non si contesta qui naturalmente l'uso delle analisi, delle ecografie, dei farmaci, del cesareo e dell'epidurale come ausilio e accompagnamento alla gravidanza là dove tale ausilio è necessario, ma l'imposizione di un percorso totalmente medicalizzato il cui unico obiettivo coincide con quello aziendale di un buon prodotto, in poco tempo e

---

[1] Società Italiana Ginecologia Ostetricia
[2] Trattamento Sanitario Obbligatorio

senza rischio: insomma la garanzia di una riuscita senza difetti e incidenti.

Nulla di più contrario alla sostanza della vita e degli affetti, di cui la maternità e la paternità sono passaggio cardine. Per più di vent'anni mi sono prodigata per portare la conoscenza dell'affettività in maternità: perché è questo che manca, sia nel personale impegnato ad assistere e a accompagnare, che negli attori della vicenda creativa stessa, i futuri genitori.

Ho spiegato altrove per quale motivo ritengo che la nostra cultura, così avanzata in tanti campi, possa essere tanto ignorante e superficiale in questo: si tratta infatti di un portato storico dovuto all'impostazione della nostra scienza rinascimentale che ha più o meno volutamente o coscientemente rivolto uno sguardo alla realtà utile per capirne certi aspetti ma assolutamente inadatto a coglierne la complessità[3].

La scienza in Occidente ha escluso in partenza un qualsiasi interesse per la teorizzazione dell'affettività umana, essendosi esclusivamente occupata del mondo materiale a causa di una scissione indebita e illecita del reale, e avendo affidato tout court la comprensione dello "spirito" alla competenza religiosa: che è altra cosa, rispettabile, importante, ma è altra cosa. Solo recentemente la vita affettiva dell'uomo è diventata oggetto di studio e conoscenza scientifica – sia da parte della psicologia che della neurobiologia - e concordo del tutto con M. Odent quando afferma che tale innovazione avrà lo stesso effetto sulla nostra civiltà che ebbe a suo tempo la scoperta del

---

[3] Vedi G.Mieli Il bambino non è un elettrodomestico URRA, Milano 2009

fuoco, foriera di una vera e propria rivoluzione nella storia dell'uomo sulla terra[4].

Di più, io credo fermamente che oggi l'unica possibilità di uscire dal vicolo cieco di una società e di una cultura agonizzante, che rischia di trascinare con sé nella propria rovina il resto del mondo, sia la valutazione e l'affermazione dell'essenza del "femminile", custode dei sentimenti e dei bisogni primari. Abbiamo infatti costruito un mondo che nega e misconosce le istanze affettive di base semplicemente perché non le conosce.

Il percorso della maternità è dunque un momento cruciale di questa rivoluzione e ben lo comprese trent'anni fa Costantino Mangioni quando mi affidò la cura di operatori e genitori nel reparto di ostetricia di Monza: intendeva e voleva una rivoluzione dei costumi. Soltanto infatti un approccio globale diverso può aiutarci a comprendere l'essenza affettiva della maternità e quindi a interpretarne le complicanze.

Ma per far ciò bisogna accettare la complessità e percorrerla, non disgiungendo fisico da emotivo, bisogna tornare a fare i clinici che si domandano il perché delle malattie e delle sofferenze e non si accontentano di tacitarle provvisoriamente con esami e farmaci.

Un grave errore di noi psicologi è quello di prestarci a rappresentare la nostra materia come luogo della cura della sofferenza – il poco amichevole "strizzacervelli" – quando in realtà la psicologia deve proporsi innanzi tutto come scienza e conoscenza degli affetti nella loro fisiologica base naturale e nel loro compito primario di garanti della

---

[4] M.Odent La scientificazione dell'amore URRA, Milano 2008

sopravvivenza della specie. In particolare nella gravidanza e nel parto – se letti e interpretati emotivamente – la natura ha racchiuso un intero trattato di psicologia evolutiva[5]. Da questa descrizione degli affetti – che non posso qui sviluppare – estrapolo solo l'informazione, ignota ai più, che durante la gravidanza la natura opera a favore della simbiosi fra madre e bambino, a garanzia della vita che deve nascere, sia da un punto di vista fisico che emotivo. Infatti a livello ormonale, l'aumento di progesterone agisce emotivamente e fisicamente a favore di questa stretta saldatura=identità.

E se da un lato la parete endometriale si ispessisce per accogliere favorevolmente l'uovo fecondato, dall'altro la donna viene percorsa da emozioni più intense delle sue abituali femminili, che la portano a una sensibilità accentuata molto vicina all'acuta sensibilità della sua creatura, già in utero capace di percepire l'inizio di un viaggio affascinante che sarà tale se, venendo al mondo sprovvisto di qualsiasi capacità o conoscenza, si sentirà accompagnato dall'adesività totale della propria nutrice. Questo magico aumento di sensibilità porta la donna a una "regressione", un tornare bambina per sentire in maniera più acuta i propri bisogni e potersi identificare e agire a favore dei bisogni del suo bambino, capace di esprimersi solo con un intenso ma criptico "uè".

Paradossalmente la donna in gravidanza è – nella stessa misura del suo piccolo – al colmo della propria potenza ma anche della propria fragilità: è possibile tenerne conto senza difendersene, cioè senza medicalizzare né psichiatrizzare. Basterà ottenere, formandoli, che gli operatori che ruotano

---

[5] G.Mieli op.it. cap.2

intorno alla gravidanza, conoscano l'atteggiamento genitoriale corretto che è sempre, come insegna Fornari, una congiunzione oculata di "femminile" e "maschile"[6].

Tale "regressione" che comporta un ritorno allo stato infantile, espone la donna all'emergere di ricordi e vissuti della propria infanzia spesso mai precedentemente elaborati: le donne che non hanno avuto la fortuna di essere adeguatamente scortate nella loro crescita, si trovano a confronto con una propria capacità biologica adulta non sostenuta da una altrettanto valida forza e pienezza emotiva: ciò si traduce inevitabilmente in paura, preoccupazione, nella richiesta pressante di rassicurazioni esterne, nella difficoltà a partorire, nell'incapacità a gestire il neonato, svelando così la presenza di nuclei infantili che non andrebbero penalizzati ma compresi, guidati ed aiutati a raggiungere manifestazioni emotive più adeguate al nuovo compito creativo.

Il fatto che stia aumentando il numero di donne o coppie che mostra disagio al momento della nascita di una creatura la dice lunga su come la nostra società non fornisca più ai piccoli o agli "ex-piccoli" la considerazione e le cure necessarie per raggiungere una piena e gioiosa maturità. Comprendere le cause serve per prevenire. Per anni, avendo istruito medici e ostetriche sulla normale fibrillazione emotiva della gravidanza, li ho resi capaci non solo di condividere senza preoccupazione gli stati d'animo delle loro pazienti ma anche di distinguere e riconoscere situazioni di disagio più complesse per poterle avviare all'assistenza psicologica. Questo permette un intervento

---

[6] F.Fornari Il codice vivente Boringhieri, Torino 1981

non punitivo ma costruttivo, un aiuto durante la gravidanza che restituisce alle donne capacità insospettate, una conoscenza di sé e dei propri vissuti capace di ripercorrere esperienze pregresse anche infelici, con la possibilità di costruire un'alternativa di vita concreta da utilizzare nella propria esperienza di madre.

In un ambiente di assistenza alla gravidanza affettivamente sensibile e preparato è dunque possibile individuare precocemente i disturbi dell'umore che, trascurati, possono anche divenire depressione post-parto. Ma "anche" e non "solo". Perché in maternità si "slatentizzano" non solo le depressioni pregresse che non sorgono a causa del parto, ma anche fobie, ossessioni, psicosi, insomma tutta la gamma di disturbi mentali che inutilmente ci affanniamo a classificare nei vari DSM[7]. La gravidanza, fra l'altro, proprio a causa della sua facilitazione emotiva, è epoca che rende la cura molto più facile, più rapida, perché conflitti e problemi appaiono esposti e più facilmente rielaborabili in un sano rapporto di aiuto.

E allora il problema non è il cosiddetto maternity blues che configura un passaggio tanto normale in ogni costosa attività creativa; e non lo è nemmeno la depressione post-parto che non esiste in quanto tale: il problema è la superficialità di un approccio che sottace la complessità affettiva del percorso della gravidanza e non ne comprende la natura affettiva.

Nella gravidanza, come in tutti i momenti di grande cambiamento della vita, è presente una instabilità che porta alla luce le fragilità: qui il passaggio simbolico è pregnante in

---

[7] American Psychiatric Association Diagnostic Statistical Manual

quanto si chiude l'epoca in cui si è stati figli e si apre quella in cui si diventa genitori, cardine della vita affettiva che porta con sè la memoria e la malinconia di un periodo ormai perduto e colora di responsabilità il proprio cammino di vita tingendo l'esistenza di quel senso del divenire che fa avvertire concretamente come le cose passano inarrestabili e come ciò che consola non è fermarle, che non si può, ma consumarle bene per sé e per gli altri.

Sempre più nel mondo occidentale le persone soffrono di disturbi psichici: la proiezione al 2020 è agghiacciante nella previsione di una percentuale di sofferenza che supererà la metà della popolazione: davanti a ciò non si possono soltanto produrre e distribuire pillole. Forse dovremmo dirci che c'è qualcosa che non va, che i nostri costumi di vita, alimentati dalla legge della concorrenza e del profitto, contrastano con i bisogni affettivi di base che, negati, fanno ammalare e rendono infelici.

Il problema non è solo delle famiglie che non sanno educare, ma è della scuola e della società tutta che non pensa ai bambini e ai giovani, non li protegge dai falsi idoli e non offre loro opportunità per maturare e crescere. Siamo in una società spietata, concorrenziale, egoista, edonista, idiota, priva di una qualsiasi significativa testimonianza di un "femminile" attento ai veri bisogni: i più fragili cadono e sono sempre di più.

Su percorsi esistenziali personali drammatici e difficili, che rendono la maturità e la felicità un sogno impossibile, si innescano quelle violenze sociali che si chiamano ghettizzazione, solitudine, sospetto, vergogna, anatema, isolamento: le donne più sensibili, profondamente solitarie con la loro creatura piena di bisogni, colme di bisogni sottaciuti loro stesse e mai elaborati, isolate in città asettiche e in condomini anonimi dove la vita affettiva, se c'è, si svolge nel segreto degli appartamenti e delle camere, mai in condivisione, in una solidarietà e complicità di vita e di progetto, non reggono, crollano e a volte arrivano a pensare di liberare la loro creatura da una sofferenza di vita che sembra a loro stesse intollerabile e in cui non se la sentono di poterla accompagnare.

Allora non possiamo accettare che l'etichetta della "depressione-post-parto" copra una vergogna di tutti e stigmatizzi comportamenti come malati senza fare nulla per capirli e trarne ispirazione per cambiare qualcosa nel nostro modo di operare e di vivere, a partire proprio dal mondo della maternità, per rendere quella stagione della vita più godibile per la mamma e per il bambino, custodi per noi del mondo degli affetti da cui non si può prescindere per sopravvivere. "Umanizzazione" deve smettere di essere uno slogan: deve diventare un progetto concreto per cambiare, a partire dalla nascita, il destino dell'uomo nel mondo

LA PSICOLOGIA FUNZIONALE PER LA PREVENZIONE PRIMARIA

di Luciano Rispoli

Molte sono le nuove conoscenze che si sono sviluppate sull'infanzia, sul funzionamento del bambino molto piccolo: e tutte ci dicono che l'interazione con l'ambiente e con gli adulti è fondamentale per uno sviluppo positivo. È accertato che un neonato ha sin dall'inizio un contatto molto intenso con la madre, attraverso lo sguardo, il tocco, la voce. Sappiamo, in particolar modo, che il contatto fisico è di grande importanza perché il neonato possa continuare a percepire in modo positivo la relazione con l'ambiente. In termini più generali possiamo dire che per uno sviluppo sano del bambino sono indispensabili alcune esperienze primarie, esperienze che sono alla base della vita (costituite da emozioni, movimenti, sensazioni fisiche, fantasie, il tutto intersecato con i sistemi e apparati biologici interni dell'organismo). La Psicologia Funzionale le definisce " Esperienze Basilari del Sé" che consentono di mantenere l'integrazione del Sé, di sviluppare le capacità vitali e relazionali, di conservare benessere e salute.

Dalla psicoterapia abbiamo recentemente appreso che, se si vogliono ricostruire veramente i nuclei profondi di una persona, è indispensabile recuperare tali Esperienze Basilari del Sé: il calore, l'essere preso, il nutrimento, il potersi abbandonare all'altro, il poter "stare" senza doversi attivare, il senso di pienezza, il senso di continuità delle esperienze positive.

Oggi sappiamo dunque, con maggiori certezze, che nell'infanzia tutti questi bisogni fondamentali vanno assolutamente soddisfatti in un "fluire" ininterrotto, di cui il bambino non deve preoccuparsi, non deve prendere su di sé la responsabilità; per non spezzare troppo precocemente la continuità della sua esistenza, del suo nucleo profondo.

Per "salute" non si intende l'assenza di malattie ma la capacità della persona di interagire in modo adeguato alle situazioni reali dell'ambiente, a godere della propria vita, a conservare e sviluppare benessere, sensazioni positive, armonia, gioia.

Le Esperienze Basilari del Sé devono essere attraversate nell'infanzia più volte: in modo pieno, positivo, soddisfacente. E ciò è possibile solo se vi concorrono, in modo unitario e integrato, tutte le Funzioni psicocorporee dell'organismo, tutti i piani che costituiscono il Sé: dalle emozioni ai movimenti, dalle sensazioni alle fantasie.

La non positività di tali Esperienze, la non pienezza, le carenze nel modo in cui vengono vissute, lasciano alterazioni sui vari piani del Sé, su quelli corporei come su quelli psichici. E tali alterazioni sono segnali che si manifestano molto prima di qualunque disturbo, o sintomo, o disagio sia psichico che corporeo.

È importante dunque "leggere" questi segnali, queste tracce lasciate da esperienze primarie non soddisfacenti. Esse si ritrovano sia nel corpo del bambino che nei suoi processi psichici; o meglio si ritrovano in tutte le Funzioni psicocorporee del Sé come prodromi molto precoci di ogni patologia, nel senso più ampio del termine. Esplosioni di malattie, problemi comportamentali, difficoltà sociali, insuccessi scolastici, problemi di linguaggio, rischi di tossicodipendenza, non sorgono mai improvvisamente, ma sono l'evoluzione di alterazioni già da molto tempo in atto.

L'innovatività e l'efficacia del pensiero Funzionale consiste, appunto, nel poter guardare in modo dettagliato e analitico alle possibili alterazioni già in atto.

In che consistono tali alterazioni?

Le Funzioni psicocorporee possono:

1) svilupparsi disarmonicamente: alcune rimanere ipotrofiche, altre divenire ipertrofiche. Una emozione di rabbia può prendere troppo spazio, un ricordo si ingigantisce, le sensazioni corporee possono rimanere soffocate e limitate.

2) diventare stereotipate, limitate, ripetitive: una stessa fantasia, un movimento sempre uguale, una postura di malinconia cronicizzata.

3) sconnettersi le une dalle altre: una paura del sistema neurovegetativo non avvertita come emozione; una rigidità nei movimenti che diviene automaticamente un rifiuto, una postura di fragilità che contrasta con l'immagine del Sé.

Non sono dunque " i sintomi" che devono venire presi in considerazione per uno screening precoce ed approfondito, non sono solo le alterazioni patologiche evidenti, ma un insieme di fattori: elementi che possono anche essere sottili e profondi, ma che noi oggi siamo in grado di rilevare con sufficiente precisione. È possibile, così, fare previsioni abbastanza attendibili sul rischio di disturbi futuri, e formulare ipotesi anche sul tipo di disturbi che potranno intervenire, su quale versante essi si potranno presentare.

Tutto questo è possibile se noi ricorriamo a un'ottica che non consideri l'individuo come suddiviso in parti ma che ne colga la complessità e l'interezza in pieno, senza perdere in concretezza e precisione, ma anzi acquistandone. L'epistemologia Funzionale rappresenta un modo di lettura a 360° che tende a cogliere la globalità e al contempo la precisione dei dettagli. Le Funzioni, infatti, non sono parti del corpo o della persona, non sono strutture psichiche. Le Funzioni sono le varie modalità in cui si esprime l'interezza e l'unitarietà dell'organismo.

È possibile, dunque, guardare a un bambino attraverso differenti angolazioni. Si può guardare, ad esempio, al suo modo di muoversi (e non solo se è ritardato rispetto a uno sviluppo normale o con evidenti handicap). Ci sono molti segnali altrettanto importanti (fig.4): se ha movimenti prevalentemente ampi oppure piccoli, a scatti o morbidi, lenti o veloci, se si lascia andare o rimane sempre sul "trattenersi".

Un altro esempio è rappresentato dalle informazioni significative che ci vengono dagli apparati fisiologici interni: il respiro profondo e diaframmatico oppure toracico, la tensione muscolare di base, la sudorazione e così via.

Importante è anche la congruenza tra i differenti piani del Sé. Quando una Funzione non va nella direzione delle altre, cioè si sconnette, va in corto circuito e riproduce un funzionamento alterato che non è possibile far ritornare alla normalità se si interviene solo su qualche piano del Sé; bisogna agire direttamente sia sul piano in questione sia su tutti gli altri, in un intervento globale e integrato.

Il respiro, ad esempio, può divenire cronicamente alterato: un respiro inconsapevole di vigilanza e di paura, che permane anche se sono cessati i motivi di allarme esterni. La persona non se ne accorge, ma a lungo andare la Funzione del respiro, alterata, produrrà effetti negativi anche sulle emozioni, sulle fantasie, sui movimenti: in poche parole sull'intero Sé, portandolo verso patologie più o meno complesse.

Osservare le Esperienze Basilari del Sé, tutte le Esperienze Basilari, è di estrema importanza per la prevenzione primaria.

Osservare se il bambino può stare tranquillo e sereno, se può "lasciare", se vive piacevolmente l'essere tenuto, se prova curiosità, se si abbandona con facilità nelle braccia dell'adulto, se può usare la forza calma; tutto ciò ci permette di capire quanto siano integri o compromessi il suo "sistema-salute", la sua capacità vitale, la sua gioia di vivere. I segni precoci che possono darci conto del funzionamento complessivo del bambino sono numerosi, non sempre evidenti, e spesso molto differenti da quelli che tradizionalmente vengono presi in considerazione (proprio perché di gran lunga antecedenti ai disturbi veri e propri. Inoltre, i segni precoci devono riguardare, per avere una certa capacità predittiva, necessariamente tutti i livelli di funzionamento dell'organismo, tutti i piani del Sé, in una visione multidimensionale e complessiva.

Riportiamo in figura i tipi di segni precoci che possono essere rilevati in bambini molto piccoli:

ALTERAZIONI DEL SE'

SEGNI PRECOCI

MOVIMENTI
Caratteristici   Incontrollati

MODI DEL MOVIMENTO
Lenti Bruschi   A scatti   Veloci

TONO MUSCOLARE
Ipotono   Ipertono

POSTURE ABITUALI
Spalle   Testa   Schiena

RESPIRO
Toracico   Diaframmatico

VEGETATIVO
Mani   Calde Fredde   Sudate
                                Simpaticotonia
Frequenza cardiaca   Vagotonia

ALLENTAMENTO DEL CONTROLLO
Capriole   Tuffi   Guizzi

STARE
Capacità di lasciare

ESSERE TENUTI
Essere presi   Assorbire

SOGLIE PERCETTIVE
Dolore   Insensibilità

VOCE
Aperta   Chiusa   Roca

SGUARDO
Vivo   Opaco   Contatto occhi – occhi

LINGUAGGIO
Vivace   Ricco   Povero   Creativo

FANTASIE
Aperte   Stereotipate

GIOCHI   **DISEGNI**   **RACCONTI**

Prevenzione

1) Ricostruire le Esperienze Basilari del Sé

Sui vari piani funzionali

2) Cogliere i segnali precoci del disagio

Pediatri, Psicologi, Insegnanti, Operatori, Genitori

3) Aiutare i genitori e gli operatori a comprendere e sentire l'importanza delle Esperienze Basilari del Sé

Gruppi esperienziali per genitori e per operatori

Utilizzando il pensiero Funzionale è stato possibile mettere a punto, a partire da questi elementi, delle vere e proprie "griglie di rilevazione" per l'infanzia, specifiche per varie fasce d'età. Scegliendo i livelli Funzionali che si sono mostrati più significativi, queste griglie ci forniscono un quadro complessivo abbastanza attendibile della capacità di salute e benessere dei bambini: di quali siano le loro condizioni reali, al di là di successi o insuccessi scolastici, di habitat culturali, di comportamenti e condizionamenti sociali, di attività varie di dopo-scuola.

Le condizioni reali dei nostri bambini hanno influenza su tutto ciò, ma non è vero il viceversa: non ne dipendono completamente. Bambini che vanno bene a scuola possono presentare già evidenti segni di disagio, che poi scoppiano in disturbi veri e propri anche diversi anni più tardi. Bambini che hanno comportamenti devianti, dovuti al loro ambiente sociale, riescono poi ad utilizzare pienamente le occasioni positive della loro vita, raggiungendo condizioni di equilibrio e di armonia.

Una volta ottenuti i dati delle reali condizioni dell'infanzia si possono, poi, progettare interventi di prevenzione primaria calibrati sulle condizioni effettive dei bambini, e quindi realmente efficaci. Il senso di questi interventi non sarà quello di far fare attività ai bambini (per quanto interessanti possono essere) tanto per fare un'attività. La prevenzione dovrà consistere in un riequilibrio del quadro Funzionale del bambino attraverso le attività più adatte per lui, ma soprattutto attraverso il modo in cui tali attività si svolgono. Laboratori e attività di nuoto, danza, ceramica, musica, fotografia, informatica, devono essere scelti in funzione delle condizioni del singolo bambino, e devono essere condotti accentuando alcune precise caratteristiche di movimenti, di posture, di verbalizzazioni, di emozioni, di simbolizzazioni, che in quel determinato bambino risultano carenti e soffocate.

L'attività di prevenzione deve dunque permeare la vita normale del bambino (e non solo di quelli cosiddetti "a rischio"); deve divenire parte integrante di una logica ed una cultura diffuse nella nostra società.

Concludendo, una prevenzione efficace deve riguardare i seguenti punti:

1) Ricostruire quelle Esperienze Basilari del Sé che sono più carenti, e quelle Funzioni che sono più alterate e sconnesse. La complessità della visione Funzionale ci permette di individuare dove e come intervenire, al di là dei rimedi tradizionali sul sintomo (o sul disagio). Anzi, spesso ci dice che bisogna intervenire prima di tutto su altre

Funzioni e su altri piani molto lontani da quelli dove si è manifestato il disturbo.

2) Intervenire su genitori, psicologi, operatori, pediatri affinché colgano i segnali precoci del disagio molto prima che si arrivi all'esplosione delle patologie. Ma sono soprattutto i pediatri che possono svolgere questo importante e delicato compito, perché sono in continuo contatto con l'infanzia, e lo sono con la piena autorevolezza di operatori della salute. Un uso sistematico delle "griglie di rilevazione funzionale" potrebbe notevolmente agevolare questo importante compito di screening primario.

3) Aiutare i genitori a comprendere pienamente l'importanza delle Esperienze Basilari del Sé. Purtroppo oggi i genitori sono esposti ad indicazioni difficili e a volte contraddittorie, se si dà ascolto alle differenti correnti psicologiche; indicazioni che non sono certo rese chiare ed univoche dalle mille diverse idee dei tanti talk show che le varie televisioni trasmettono. Bisognerebbe piuttosto fornire, in modo sistematico, indicazioni chiare e univoche, semplici e scientificamente corrette.

Operando con i genitori attraverso contatti diretti ed emotivamente pregnanti, lavorando nelle scuole, nei consultori, ma soprattutto in piccoli gruppi, riprendendo in mano una materia delicata e decisiva per la salute individuale e sociale, si potrà realizzare finalmente ciò che forse non si è mai neanche avviato: un processo di prevenzione primaria, reale ed efficace; un processo di riequilibrio delle alterazioni di cui sono oggi sempre più vittime le nuove generazioni.

BIBLIOGRAFIA

Bovo P. (2001) - *La metodologia Funzionale. Un metodo basato sulla fisiologia per la prevenzione dei disturbi del bambino e della madre* in: D&D n°30 "Preparazione alla nascita: nuovi standard". ed. Centro Studi Il Marsupio, Firenze, settembre 2001.

Bovo P. (2016) - *Accompagnement en groupe de femmes enceintes* in La Revue Biodynamique – Naissance et Périnatalité, n. 2 Avril 2016, Montpellier (FR).

Bovo P., Duguid A. (1992) - *Il modello Funzionale nella prevenzione perinatale* in Riza Scienze n. 62: "Terapie tra corpo e psiche", novembre 1992.

Di Nuovo S., L. Rispoli (2011) *L'analisi Funzionale dello stress - Dalla clinica alla psicologia applicata*, Franco Angeli/Linea Test, Milano .

Leboyer F. (1974), *Per una nascita senza violenza*, Bompiani, Milano ,1981.

Odent M. (1989), *Ecologia della Nascita*, Red Edizioni .

Odent M. (1999), *La scientificazione dell'amore*, URRA, Apogeo srl, Milano, 2008.

Regalia A., Fumagalli S., Nelli E., Nespoli A., Usuelli L. (2005), *Pro-muovere il parto*, Carocci, Roma.

Rispoli L., *Manuale delle Tecniche Funzionali Prima Edizione* S.E.F. Edizioni, Napoli 2000; *Seconda Edizione* 2 Volumi, S.E.F. Edizioni, Napoli 2011; *Terza Edizione*, SEF-Amazon, 2016.

Rispoli L. (2004), *Esperienze di Base e sviluppo del Sé*, Franco Angeli, Milano.

Rispoli L. (2014), *Il Manifesto del Funzionalismo Moderno*, Alpes, Roma.

Rispoli L. (2016), *Il corpo in psicoterapia oggi*, Franco Angeli, Milano.

Ti presentiamo nelle prossime pagine
la nostra Scuola e il Corso di
Specializzazione in Psicoterapia Funzionale.

www.psicologiafunzionale.it

La Scuola ti fornisce **metodologie e tecniche di intervento concrete e precise**, sia a livello individuale che di gruppo, poiché **puntiamo molto sulla ricerca** ed utilizziamo le scoperte più avanzate delle neuroscienze e di altre discipline attigue.

Ti avvarrai di una scuola **tra le prime in Italia** nella valutazione relativa ai livelli di qualità messi a punto dal Coordinamento Nazionale Scuole di Psicoterapia.

Crediamo nella formazione e nella crescita professionale, per questo motivo ti proponiamo un **ventaglio formativo molto ampio** che parte dai seminari e dai workshop gratuiti fino ad arrivare ai Master Specialistici ed alla Scuola di Psicoterapia (Quadriennale) dove prevediamo anche la possibilità di ottenere **Borse di Studio**.

Riconoscimenti della Scuola

- Membro del **CNSP** (Coordinamento Nazionale delle Scuole di Psicoterapia) dal 2001.

- Riconosciuta dall'**EABP** (European Association of Body Psychotherapy) dal 1987.

- Membro del Forum dell'**EABP** dal 1998.

- Aderente alla **SPR** (Società di Ricerca in Psicoterapia).

- Membro fondatore del **CSITP** (Comité Scentifique International de Thérapie Psycho Corporelle) dal 1987.

CORSO QUADRIENNALE

Specializzazione in Psicoterapia Funzionale
Corso riconosciuto dal MIUR
con D.M. del 16/11/2000

Specializzazione riconosciuta secondo l'art. 3 legge 56/89. Sono ammessi alla scuola i laureati in Psicologia e Medicina iscritti ai relativi albi professionali. L'iscrizione è subordinata alla valutazione di conoscenze, capacità, esperienze, motivazioni all'attività di psicoterapeuta, e della situazione clinica personale.

Programma formativo

Si articola per ciascun anno in: -Insegnamenti teorici -Gruppo didattico -Laboratori e seminari -Stages intensivi –Supervisione -Tirocini interni -Tirocini esterni.

Forma dei Corsi

Il monte ore totale (500 ore di cui 100 di tirocinio esterno l'anno) si svolge in un week-end ogni mese, da Gennaio a Dicembre, oltre ai 2 intensivi di 3 giorni, e agli incontri previsti per Laboratori, Seminari e Tirocini interni.

Valutazione

Verrà effettuata tramite verifiche in itinere e finali: esami, colloqui, valutazioni di capacità operative acquisite, tesi di ricerca.

Diploma

Alla fine dei quattro anni, completati tutti gli adempimenti richiesti, verrà rilasciato il Diploma in Psicoterapia secondo l'art.3 della Legge 56/89.

Sedi SEF

- Napoli (sede centrale)
- Catania
- Firenze
- Padova
- Roma
- Benevento
- Brescia
- Lecce
- Milano
- Palermo
- Trieste

Per informazioni

- Tel. 081 03.22.195 (Sede Centrale, informazioni per tutte le sedi).
- formazione@psicologiafunzionale.it
- www.psicologiafunzionale.it

www.ingramcontent.com/pod-product-compliance
Lightning Source LLC
Chambersburg PA
CBHW020539290526
45786CB00002B/950